재벌과 검찰의 민낯

재벌과
검찰의
민낯

김영석 지음

인문서원

들어가는 글

2017년에 상영되었던 영화, '더킹'은 그동안 부패한 정치검사들의 행태들을 현실감 있게 각색하여 다룬 영화로 괜찮은 평가를 받았다. 당시 회사의 한 선배가 필자에게 얘기해 주기를 그 영화에서 나오는 썩은 정치검사들의 술파티 장소가 바로 라마다 르네상스호텔 23층의 '호라이즌클럽'이라고 했다. 이처럼 필자는 우연히도 그 호텔과 호텔의 모기업을 중심으로 여기저기 주변에서 일어났던 갖가지 사건들과 이와 직·간접적으로 연루되어 있는 부패 검사들과 전관 변호사들을 가까이서 지켜봤던 직원들이 조합원으로 가입되어 있는 노동조합의 고위 간부로 재직하고 있었다.

그리고 당시 필자의 단견(短見)에서는 민주주의 국가를 실현해 가는 현대사의 과정에 있어서 검찰의 수사지휘권·기소독점권과 유착되어 있는 법조 카르텔이나 수구 정치권의 위력은 정치판을 완전히 뒤집어 버리는 왜곡된 결과들을 가져왔기 때문에, 그런 카르텔의 위력은 결국 '산업과 기업 민주주의의 실

5

현', '비정규직 차별이나 사회 양극화 해소'와 같은 사회·경제적 민주화까지 억제하는 거대한 장애물로 여겨졌다. 이 때문에 시대에 역행하며 불법적인 일들을 자행했던 그들 법조 카르텔의 실상들을 우리 사회에 널리 알리는 것은 필자에게 무엇보다 시급한 과제였다. 더구나 그 썩은 정치검사들을 대표했던 '윤검'은 문재인 정부 들어 검찰총장으로 지명된 상태였다.

그 실상들을 조사하고 기록해 나가는 동안 부패 검사들이나 조 회장 부자(父子)를 직접 인터뷰할 수는 없는 처지이기는 했지만, 회장의 일정 등을 기록하고 그들의 자동차를 운전하거나 조씨 부자의 지시에 따라 법무 관련 업무를 수행했던 직원들과의 인터뷰를 진행하고, 그들이 제보했던 사건 관련 문건들을 통해서 그들의 유착관계와 그 사건들의 은밀했던 진상을 서서히 파악해 나갈 수 있었다. 물론 필자가 전임 노동조합 간부가 되기 이전에 회사의 현업에서 법무나 영업 관련 업무를 처리했던 경험도 그 사건들의 실체를 조사해 나가는 데 상당한 도움이 되었다.

'윤검'이 검찰총장에 임명되고 이후 대통령으로 당선되는 그 일련의 과정까지 3년의 기간을 되돌아보면, 검찰의 허위와 조작질의 불공정 역사와 함께했던 부패한 그 정치검사들이 얼마나 우리 사회와 기업의 주변에서 재벌 오너의 비도덕적인 후원과 지원을 받으며 성장했는지, 또 오랫동안 정경유착의 상징이었던 한 재벌 오너 일가가 그들을 뒷배로 해 기업의 현장에서 얼마나 어처구니없는 부당하고 불법적인 일들을 저질렀는지를 알려, 우리 사회의 단단한 법조 카르텔의 실상이 조금이라도 드러날 수 있도록 필자는 수많은 언론사 기자들을 만났고, 그들에게 필자가 확보했던 관련 자료들을 적극적으로 제공했다.

그리고 그 과정에서 필자가 제보받은 사실들과 관련 사건의 진상들이 몇몇 관심 있는 언론사를 통해 상당히 많은 관련 보도가 이루어졌지만, 지면이나 방송 시간의 한계 때문인지 그 보도들은 매번 필자가 기대한 것까지는 미치지 못했다. 심지어 보도하기로 두어 달씩이나 함께 취재하며 땀을 흘린 모 방송사 기자와 PD들도 있었지만 인터뷰 촬영까지 마친 상태에서 보도를 시작하기로 한 당일에 갑자기 방송 일정이 취소되는 사태도 발생했다. 대선이 얼마 남지 않은 상황에서 또 어떤 유력 신문사는 이해하기 힘든 사유로 관련된 보도 결정을 뒤엎어 버리는 바람에 2년간 필자와 함께 정보를 교환해 왔던 해당 기자는 이런 결정에 항의하며 사표까지 제출하기도 하였다.

필자가 재직했던, 그리고 현재도 생업으로 삼아 재직 중인 회사는 그동안 필자와 같은 수많은 노동자들이 생업으로 삼아 땀을 흘려 일해왔던 소중한 삶의 터전이었다. 조남욱 전 삼부토건 회장은 그냥 빈 말로 삼아 회사의 진짜 주인은 '노동자'이니 더욱 열심히 죽도록 일만 하도록 그 노동자들을 다독였는지는 모르겠지만, 필자는 진실로 '노동자'가 기업의 다른 이해당사자와 마찬가지로 회사에서 매우 중요한 주인 중에 하나라고 생각해 왔다. 그런 노동자들의 주인 정신이 있었기에 그 어려웠던 시절에도 국내외 산간벽지 현장에서 수많은 난관과 역경을 이겨냈고, 그 많은 정치·사회·경제적인 우여곡절을 겪으면서도 77년의 긴 세월을 버텨올 수 있었다.

그러나 문명과 국가의 다양한 흥망성쇠(興亡盛衰)의 교훈에서 우리가 배울 수 있듯이 그 조직에서 지도자 역할을 하는 자가 그 시대의 주어진 환경과 그에 따른 시대정신을 제대로 읽지 못하고, 그 환경과 시대의 흐름에 따라 변화하지 않으면 그 국가의 운명은 통(通)하지도, 오래가지도 못한다. 기업 또한 크게 다르지 않다. 정경유착의 권위주의 시대가 이제는 막 저물어가는데도 그 검찰의 시퍼런 칼끝을 부여잡고 끝까지 이를 놓지 않고 버티려 했던 인물이 조남욱 회장이었고, 그의 후원을 기반으로 성장해 마침내는 그 거짓말과 속임수로 검찰 권력을 손아귀에 넣었고, 다시 국가 최고권력까지 장악하여 피로 이루어왔던 민주주의 역사를 30년 이상 퇴보시킨 인물이 '윤검'이었다.

권위주의 시대의 폐단을 극복하지 못하고 회사를 과거의 부패한 검경(檢經)유착 방식 그대로 운영했기에 결국 조 회장 부자(父子)는 망해서 쫓겨났고, 역사의 도도한 흐름에도 그 흐름을 거슬러 과거 독재정권 시대의 방식 그대로 '불법 친위쿠데타'를 일으킨 '윤검' 또한 대통령에서 파면되었고 곧 무기금고 이상의 형벌을 받게 될 위기에 처했다. 옛사람은 "수오지심은 의로움의 단초이다(羞惡之心義之端也)."라고 했지만, 안타깝게도 이러한 자신의 '부끄러움'과 '불의를 미워함'이 티끌만큼 도 없으면서 오직 거짓과 불의함으로만 살아왔던 자들에게 그 의로움의 칼날을 통째 맡겨 놓았으니, 나라가 망하지 않으려면 어찌 사람들이 그 비뚤어진 칼날을 빼앗아 바로 세우지 않을 수 있겠는가?

　마지막으로 게으른 필자에게 지난 3년 동안 이 책을 쓰도록 끊임없이 강권해 주었던 오마이뉴스 구영식 기자에게 고맙다는 말씀을 드리고, 다시금 찾아온 필자의 임금체불 고통을 꿋꿋하 게 견디어 내는 지혜로운 아내에게도 지면을 빌려 특별히 감사 의 말을 전한다.

　2025. 4

　영강(潁江)이 돌아 흐르는 길목에서

　김영석 쓰다.

차례

일러두기

노동조합 간부였던 필자는 2019년 7월 윤석열 검찰총장 청문회부터 그와 조남욱 회장 부자(父子)와의 오랜 유착관계를 제보받아 조사하기 시작해 2022년 3월 20대 대통령 선거 무렵까지 그 대강의 기록을 작성했다. 그동안 여러 언론사에서 필자의 제보를 통해 윤석열 검사를 포함한 대한민국 검사들의 부적절한 처신을 단편적으로 보도하기는 했으나 관련 사건들의 맥락과 상세한 진상들은 잘 알려지지 않았다. 그 때문에 이 책을 출간하여 무소불위의 검찰권이 앞으로는 민주적 통제와 함께 권력기관 상호 간의 견제와 균형의 원리가 작동할 수 있는 시스템으로 나아가, 여전히 우리 사회에 잔재해 있는 억압적인 권위주의와 군사독재정권의 폐습을 극복하고 보다 민주적인 사회로 발전할 수 있도록 조금이라도 보탬이 되고자 한다.

이 책의 내용은 당시 직원들의 제보로 확보한 관련 부서의 문건이나 검찰진술서, 회장 비서실 일정표, 조시연 지인과의 대화 녹취록 등을 기초로, 필자가 당시 사건을 경험하거나 목격한 삼부토건 직원이나 서울르네상스호텔 직원들과의 전화 또는 대면 인터뷰한 녹취 등을 종합적으로 검토하여 작성했다.

2016년 2월 이전의 삼부토건(주)의 경영진은 조정구(창업자), 조남욱(2세), 조시연(3세)으로 이어지는 조남욱 전 회장 일가였으나, 법원은 2016년 2월 기업회생 절차 개시 결정과 함께 이들 경영진에게 불법 경영책임을 무겁게 지우고 그들 보유주식을 전량 소각, 회사에서 모두 퇴출시켰다. 이 책에서 서술되는 삼부토건(주) 옛 사주와의 관련 사건들은 모두 2016년 2월 이전에 발생한 조남욱 전 회장 부자와 관계된 것이며, 그 이후에 새로 들어왔던 회사 경영진과는 일절 연관이 없음을 밝혀 둔다.

1장

극우와 주술의
회장님

'아주 오래된 농담'

나는 1997년 대학을 졸업하던 해에 삼부토건에 입사했다. 그리
고 얼마 지나지 않아 회사 기획실에 근무하던 조승연 부장이 지
병으로 사망했다는 소식이 들려왔다. 그는 대표이사 겸 회장인
조남욱의 장남이었지만 그의 죽음은 신입사원이었던 나에게는
아무런 관심의 대상이 되지 않았다. 그해 얼마 지나지 않아 조
남욱 회장의 삼남 조성연이 미국에서 유학을 마치고 과장대리
로 입사했고, 또 몇 해가 지난 2000년대 초반에 차남 조시연이
투자금융회사를 전전하다 부장으로 재입사했다. 조시연은 당시
30대 후반의 나이였고, 재입사 전에는 삼성증권과 삼부토건 관
계사인 삼삼투자금융 등에서 근무했다. 조시연은 나보다 6살,

삼남 조성연은 당시 30대 초반의 나이로 나보다 1살 많았다.

　나는 궁벽한 시골에서 자라 가까스로 대학을 졸업해 별다른 꿈이나 야망 없이 회사나 꾸준히 다니자는 처지였기에 당시 그들 오너일가에서 벌어지는 일에는 전혀 관심이 없었고, 오로지 입찰 담당 영업부서에서 내가 담당하는 업무에만 관심을 기울일 뿐이었다. 그러나 그 당시에도 회사 선배들은 대개 새로 입사한 두 아들에 대해 좋지 않은 이야기들로 여기저기서 쑥덕거렸고, 두 아들은 10여 년간 상무와 부사장으로 초고속 승진을 하면서도 아무런 경영 능력이나 비전을 보여주지 못하면서* 성품마저 무척 거칠어 보였다. 그리고 회사 선배들은 그 과정에서 가끔 요절한 장남 조승연의 이야기를 꺼냈다. 회장인 아버지 밑에서 엄하게 자랐지만 제대로 된 후계 경영수업을 오랫동안 받았던 조승연 부장이 있었으면 그나마 회사의 근무 분위기나 추진사업들이 이렇게 어렵게 되지는 않았을 거라는 것이었다.

　그리고 나는 한참의 시간이 흐른 뒤에, 2000년에 박완서 선생이 출판한 『아주 오래된 농담』이라는 소설책과 관련해서, 조남욱 회장이 자신들 사주 집안의 이야기를 소재로 삼았다는 이

---

*

조시연이 2006년경부터 추진했던 대형 프로젝트 사업들은 기업을 파탄으로 몰아 회사는 2015년에 결국 기업회생절차에 들어가고 조남욱 회장 일가는 회생법원의 결정으로 대주주 지분이 모두 소각되어 회사에서 전부 퇴출되었다.

유로 출판금지가처분 신청을 했고, 결국 소송에서 조 회장이 패소했다는 공공연한 얘기를 듣게 되었다. 사망한 조승연의 아내가 혼인 관계를 통해 재벌가인 조남욱 회장의 집안에 들어온 후, 병에 걸린 남편을 황망하게 떠나보내고 홀로 힘들고 어려운 일들을 겪게 되자, 그동안 그녀가 겪었던 비현실적이고 황당한 재벌가의 뒷이야기를 박완서 작가에게 들려주었다는 것이었고, 박완서 선생은 그 재벌 집안의 불공정한 특권의 민낯과 무속을 숭상하는 자본의 속물성을 주요 소재로 삼아 소설책을 발간하게 되었다는 것이었다. 회사 선배들이 들려준 이런 농담 같은 이야기들은 그녀의 소설을 읽고 나서야 절로 고개를 끄덕일 수밖에 없었다. 소설 속 주인공 영묘가 겪었던 주술과 무속을 숭상하는 가부장적인 시댁의 가정환경과 내가 회사에서 평범한 직장생활을 하면서 가끔씩 보고 듣고 했던 조남욱 회장의 주술과 무속 경영이 마치 데칼코마니처럼 너무나 닮아 있었기 때문이었다. 소설 『아주 오래된 농담』에서 '최 도사'를 묘사한 부분이다.

   … 경을 읽기 위해선지 최 도사는 머리만 깎지 않았다 뿐 스님과 다름없는 복장을 하고 있었다. 장삼 비슷하게 넉넉하게 만든 잿빛 개량한복에다 염주를 걸고 왼쪽 어깨에다 오른쪽 겨드랑이에 걸쳐서 밤색 가사까지 두르고 있었다. 할머니의 도움으로 보료 위에다 방석을 두

개 포개서 마련한 높은 자리에 최 도사가 정좌했다. 할머니가 시키는 대로 영묘는 최 도사 앉을 자리 좌우에 촛불을 켜고, 앞에는 향을 피우고, 두 번 큰절을 올렸다. 환자는 절을 안 해도 되지만 경을 읽는 동안 일어나 앉아 있어야 된다고 했다. 독경은 한 시부터 네 시까지 꼬박 세 시간이나 걸렸다. 그 시간대가 환자에게 맞는 시간대라고 했다. 이미 계절은 복중으로 접어들어 있었다. 더군다나 그 시간대는 하루 중에서도 가장 더운 때였다. 거실에 에어컨을 틀어놓으면 병실에서도 그다지 더위를 못 느꼈었는데 최 도사가 독경을 시작하고부터는 방 안이 한증막처럼 눅눅하게 달아올라 땀이 줄줄줄 주체할 수 없이 흘렀다. (중략) 미쳐버릴 듯한 더위였다. 최 도사는 불경책과는 따로 한지에 적어온 것을 영묘에게 주면서 재난을 소멸케 하는 중요한 경이니 그 대목을 읽을 때는 영묘도 따라 하라고 했다.

"나모 사만다 못다남 아바라지 하다사 사나남 다냐라 옴 카 카카혜 카혜 훔훔 아바라 아바라 바라아바라 디따 디따 디리디리 빠다 빠다 선지가 시리에 사하바…"

매사에 수동적이던 경호도 최 도사한테는 강한 적개심을 나타냈다.

"당신까지 도사 도사 하지 마. 당신 바보야? 돌팔이만도 못한 땡추를 가지고…."

자유당, 군사정권 시대와 삼부토건

1948년 조남욱의 선친 조정구*가 설립한 삼부토건은 이승만의 자유당 정권 아래에서 1950년대 중반부터 군납사업과 정부나 관의 발주공사 특혜를 받았던 국내 건설시장의 '자유당 건설 5인조'로 불린 상위 5대 건설업체 중 하나였다. 당시 이들 5인조 건설업체는 정치권에 낙찰가의 약 10%를 커미션으로 내면서 정부나 관의 발주공사를 대부분 독식했다고 알려져 있는데, 이 업체들은 현대건설, 삼부토건, 극동건설, 조흥토건, 대동공업이었다.

당시 이승만 정부의 최저가 낙찰제도 아래에서 이런 상위 건설업체들은 가격을 낮추어 경쟁하는 대신 차례로 돌아가며

적정 공사금액으로 순서대로 수주하는 것이 관행이었는데, 그
명분은 이른바 '보다 안정적인 공사 시공과 적정 이윤확보'였지
만 그 실질은 정경유착의 부조리 쪽에 가까웠다. 후발 중소업체
들의 지속적인 반발에도 이러한 대형 건설사들의 담합 입찰 관
행은 2000년대 초반까지 지속되다가 김대중, 노무현 정부가 들
어서면서 비로소 줄어들기 시작했다.

　　1960년 자유당 정권의 3·15 부정선거로 인한 학생과 시민
들의 저항이 도화선이 되어 4·19 혁명이 일어나자 1960년 9월
민주당 정부는 그동안 모두 167개 회사가 3·15 부정선거 자금
으로 총 94억 환을 자유당 정권에 제공했다고 발표하고 이들 기
업에 대해 59억 환에 이르는 세금을 나누어 부과했다. 자금 제
공자 명단에 포함된 건설사는 삼부토건, 현대건설, 대림산업,
극동건설, 대동공업, 중앙산업 등의 상위 업체들이 대부분 포
함되어 있었고, 당시 정부는 1961년 4월 「부정축재자 특별처리
법」을 입법화하여 5월 10일 그 시행령을 공포했는데, 5월 16일
박정희가 군사 쿠데타를 일으켜 정권을 장악하자 부정축재자
처리문제는 다시 원점으로 돌아갔다. 당시 부정축재자 처리문
제를 놓고 많은 논란거리가 있었으나, 군사정권은 결국 1962년
1월 「부정축재처리법」의 일부를 개정, 부정축재자로 지목된 기

*
조정구는 1936년 관립경성공업학교 건축과를 졸업하고
경기도청 공무원으로 12년간 근무했다.

업인들로 하여금 공장 등을 건설하도록 허용해 주며 국가기간 산업 육성에 참여케 하면서 그들의 죄를 더는 묻지 않았다. 이 때문에 쿠데타로 집권한 박정희 정권 시대에도 〈경제개발 5개년 계획〉의 추진과정에서 삼부토건의 매출액은 크게 성장해 1967년부터 1970년대 중반까지 국내 도급순위 3~5위권을 안정적으로 유지했다. 이 무렵 삼부토건 창업자 조정구 회장은 1963년 8월 15일 국가재건최고회의 의장 박정희로부터 동탑산업훈장을 수여받고, 1963년 8월 17일 대한건설협회 5대 회장에 취임해 1974년까지 6선에 걸쳐 연임했다.

그리고 1962년 군사정권에서 개정 건설업법에 따라 다시 건설업 면허를 심사하여 최종 569개 업체에 대해 부여한 신규 건설업 면허증에서 삼부토건(주)가 상징적인 일반건설업 제1호 면허를 취득했다는 것은 행정 당국이 회사의 능력을 그만큼 평가했다고 볼 여지도 있으나, 불과 얼마 전까지 부정축재자 명단에 들었던 기업을 그런 식으로 평가한다는 것은 상당한 문제가 있어 보이며, 오히려 이는 과거 개발독재시대에 부조리한 정경유착으로 상당히 많은 특혜를 받았다는 징표가 되는 것이었다.

당시 삼부토건은 고속도로나 철도, 댐, 발전소 등의 국가기반시설 대형 관급공사를 수주하는 과정에서 현대건설, 대림산업 등과 함께 굵직한 대형 건설회사 중의 하나로 성장했고, 그런 대형 관급공사의 수주와 시공은 당연히 군사정권과의 결탁

1968년도 국내 건설업계 도급 순위

순위	상호	대표자	도급 한도액(백만 원)
1	현대건설	정주영	5,097
2	대림산업	이재준	4,562
3	삼부토건	조정구	2,850
4	동아건설	최준문	2,577
5	화일산업	변호윤	2,480

1974년도 국내 건설업계 도급 순위

순위	상호	대표자	도급 한도액(백만 원)
1	현대건설	정주영	30,866
2	대림산업	이재준	28,578
3	동아건설	최영택	17,538
4	극동건설	김용산	16,000
5	삼부토건	조정구	14,548

과 지원 속에 특혜성 수의계약이나 업체 간의 담합을 통해 이루어질 수밖에 없었다. 군사 반란의 핵심으로 참여한 김종필도 충남 부여를 기반으로 하는 정권의 실세였던 까닭에 동향의 삼부토건 창업자 또한 상당한 지원을 받았을 것으로 짐작된다. 그 실례로 1968년에 시작된 경부고속도로 건설공사는 박정희 정권이 공사의 중요성을 들어 시공업체를 지명 수의계약 방식으로 처음 선정했고 이때 선정된 건설업체는 삼부토건, 현대건설, 대림산업, 동아건설, 삼환기업, 대한전척으로 총 6개 회사였다.

삼부토건은 청주와 김천 구간을 맡아 시공했다.

전두환의 군사 반란으로 출범한 제5공화국에서 1981년 치러진 제11대 국회의원선거는 여당이나 야당 모두 보안사와 안기부가 창당 자금을 제공하고 공천자 명단까지 관여한 북한식 관제 조작 선거였다. 그 당시 신군부는 민주화운동에 참여한 정치인은 물론 민주공화당계 인사조차 정치활동을 규제하며 대거 국회의원 출마를 금지시켰고, 관제 야당이었던 한국국민당에는 대부분 민주공화당 출신 정치인들이 모였다. 조정구는 당시 한국국민당의 전국구 5번으로 당선되어 1983년에는 한국국민당의 대표로 선출되었으며, 신군부의 독재정치에 물심양면으로 적극 협력했다.

한편 삼부토건은 1980년대 초반 사회적으로 큰 물의를 일으킨 '이철희·장영자 어음사기 사건'에도 연루된 적이 있었는데, 1982년 5월에 보도된 검찰 발표 전문을 보면 "삼부토건 자금부장 전○○은…장영자의 2천 5백 85억 원의 어음할인을 중개하여 주면서 장영자로부터 수수료 등 명목으로 이득을 취하였고, 장영자의 자금 사정이 악화된 것을 눈치챈 1982년 1월경 이후에는 자신이 직접 전주로 나서 월 3.5푼 내지 4푼 등 고율의 이자로 어음할인을 해주고 다시 사채시장에 그 어음을 할인하는 방법으로 치부하였다."라고 되어 있어 당시 삼부토건 경영진 또한 이 사건에 연루되었을 것이란 의혹이 일었다. 더구나 그 당시 회사의 자금 총책이었던 전○○은 이 사건 이후에도 삼

1969~1971년 삼부토건 회현동 사옥

1971~1980년 삼부토건 회현동 사옥   1981~2015년 삼부토건 회현동 사옥

부토건의 상무이사를 지내고 사외이사까지 역임하면서 2000년대 중반까지 회사의 핵심 임원으로 활동했다.

1984년 삼부토건 조남욱 사장은 동탑산업훈장을 수상했고, 조남욱이 1988년 제13대 국회의원으로 당선되었던 노태우 정권에서도 삼부토건이 당시 정권에 제공한 '정치자금과 비자금 사건'에 대한 이야기들은 언론에 끊임없이 흘러나왔다. 그리고 1998년 자민련과 공동 정부를 구성한 김대중 정부는 그해 6월에 조남욱 회장에게 금탑산업훈장을 수여했다. 훈장 수여식에는 동향의 김종필 국무총리가 참여해 직접 가슴에 훈장을 달아주었다.

극우세력의 거물, 조남욱

삼부토건 창업자의 장남으로 1933년에 태어난 조남욱은 경기고등학교를 나와 1957년에 서울대학교 법대를 졸업하고 1963년부터 1976년까지 중앙선거관리위원회에서 선거계장, 선거과장, 총무국장으로 재직했다. 재직 중 1973년에는 박정희 정권으로부터 홍조근정훈장을 받았는데, 이는 1972년 박정희가 친위쿠데타를 통해 유신헌법을 제정하고 실시된 통일주체국민회의에 의한 간접선거로 다시 재집권한 이후라서 쿠데타 군사정권의 불의한 집권 연장에 협력한 공로였던 것으로 판단된다. 이후 그는 1976년 삼부토건에 상임감사로 입사해 1983년 사장으로 승진하면서 본격적으로 기업을 승계하기 시작했으며, 정치에도 입문해 1987년과 1988년 두 차례에 걸쳐 민정당 총재로부터 표창을 받고 1988년에는 민정당 비례대표로 제13대 국회의원에 당선되었다. 1993년부터 1996년까지는 민자당 부여지구당 위원장직을 김종필로부터 승계받아 활동했다. 당시 조남욱은 다른 13개 지구당과 달리 경선을 거치지 않고 민자당 대표위원이었던 김종필로부터 지목되어 지구당 위원장으로 내정되었고, 1992년 12월 20일 김종필은 제14대 대통령선거를 앞두고 조남욱에게 민주자유당 부여지구당 선거대책위원장 위촉장을 수여했다.

창업자 조정구가 명예회장으로 물러난 1991년 이후 조남욱은 삼부토건과 서울르네상스호텔의 대표이사 겸 회장을 맡게 되면서 본격적으로 보수적인 사회 경제단체 활동도 시작했다. 조남욱은 대한건설협회 회장(1988~1993년)을 시작으로 1998년부터는 경영자총협회 부회장으로 2015년까지 활약했고, 전경련에서는 상임이사를, 2000년부터 2009년까지는 자유총연맹 이사와 부총재를 역임했다. 경기고, 서울대 법대라는 학연과 충남이라는 지연을 기반으로 서울대 총동창회 부회장, 서울대 법대 동창회 운영위원, 충청향우회 부총재로 활동하며 권력의 각계각층에 탄탄한 인적 네트워크를 형성했다.

그의 사상과 사회적 관계망 역시 이승만과 박정희, 전두환의 권위주의 군사정권을 지지하고 찬양하는 극우적 보수세력과 함께하며 그 흐름을 이명박, 박근혜 정부까지 한결같이 이어갔다. 조남욱은 자민련이 새천년민주당과 공동 정부를 탄생시킨 김대중 정부 시기에는 당시 민주당 실세였던 한화갑, 한광옥 등과도 가까이하며 그들을 서울르네상스호텔 만찬에 초대하기도 했다. 한화갑은 이후 노무현과 대립하면서 노무현 대통령 탄핵에 앞장섰고 2012년 대선에서는 박근혜 후보를 지지했다. 한광옥 또한 2012년에 새누리당에 입당했고, 박근혜 정부에서는 대통령 비서실장까지 지냈다. 그리고 그는 회사 내에서 실시하는 직원 교육의 일종인 월례조회에서는 때때로 외부의 극우적 보수 인사를 초빙하여 수구적 역사 인식을 주입하려는 꼼꼼한 노력도 함께 기울였다. 이러한 월례조회는 1975년 당시 사장이었던 창업자 조정구의 '새마을연수원 수료에 따른 훈시'로 시작된 것이었다.

조남욱은 일반적으로 잘 알려진 한국자유총연맹, 경영자총협회, 전경련 등의 보수단체 고위 간부 활동 이외에도 특별히 눈에 띄는 극우단체 재정지원과 활동 이력을 보여주었다. 우선 그가 부회장으로 활동한 한일친선협회중앙회는 정부 보조금* 지원단체로서 명목상으로는 일본 대사, 자민당과 친교나 양국의 우호증진과 협력을 목적으로 하고 있었지만, 그가 매년 정기적으로 적극 참여한 활동은 주한일본대사의 초청으로 '천황 탄

*

'한일친선협회 예산결산서'에는 대한민국 외교부로부터
매년 125,000,000원을 보조받는 것으로 나타나 있다.

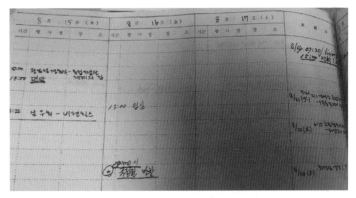

국정원 만찬(2002. 8. 16. 휴대용 일정표)

자유총연맹 만찬 부부동반, 국정원 회의실 및 식당(2007. 7. 23. 휴대용 일정표)

신 축하 리셉션'에 참가하는 것이었고, 매년 1천만 원의 후원금을 회삿돈으로 지원했다.

남산에 있는 안중근기념관을 국가보훈처로부터 위탁받아 운영중인 (사)안중근 의사 숭모회 또한 조남욱이 상임이사로 참여하여 적극적으로 활동했던 극우적 친일 단체였다. 박정희

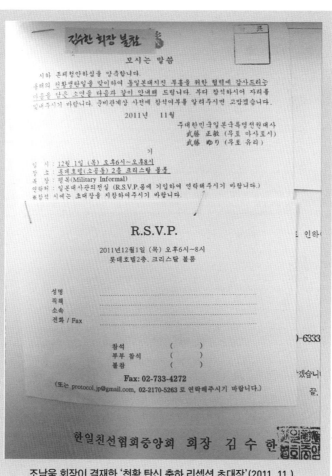

김수한 회장 불참

모시는 말씀

시하 존체청안하심을 앙축합니다.
금해의 천황생탄일을 맞이하여 동일본대지진 부흥을 위한 협력에 감사드리는
마음을 담은 소연을 다음과 같이 안내해 드립니다. 부디 참석하시어 자리를
빛내주시기 바랍니다. 준비관계상 사전에 참석여부를 알려주시면 고맙겠습니다.

2011년   11월

주대한민국일본국특명전권대사
武藤 正敏 (무토 마사토시)
武藤 ゆり (무토 유리)

기

일 시 : 12월 1일 (목) 오후6시~오후8시
장 소 : 롯데호텔(소공동) 2층 크리스탈 볼룸
복 장 : 평복(Military Informal)
연락처 : 일본대사관의전실 (R.S.V.P.품에 기입하여 연락해주시기 바랍니다.)
※ 참석 시에는 초대장을 지참하여주시기 바랍니다.

R.S.V.P.

2011년12월1일 (목) 오후6시~8시
롯데호텔2층, 크리스탈 볼룸

성명   ....
직책   ....
소속   ....
전화 / Fax   ....

참석   (   )
부부 참석   (   )
불참   (   )

Fax: 02-733-4272
(또는 protocol.jp@gmail.com, 02-2170-5263 로 연락해주시기 바랍니다.)

한일친선협회중앙회 회장 김 수 한

조남욱 회장이 결재한 '천황 탄신 축하 리셉션 초대장' (2011. 11.)

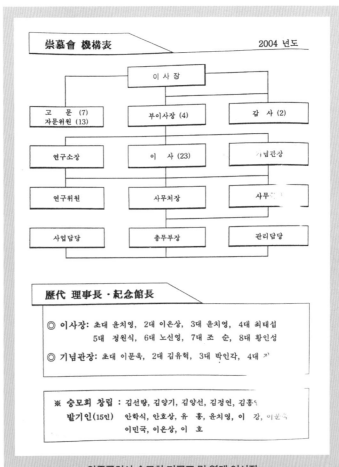

崇慕會 機構表　　　　2004 년도

```
                    [ 이 사 장 ]
        ┌──────────────┼──────────────┐
  고  문 (7)          부이사장 (4)         감  사 (2)
  자문위원 (13)

   연구소장           이  사 (23)         기념관장

   연구위원           사무처장             사무처

   사업담당           총무부장             관리담당
```

歷代 理事長 · 紀念館長

◎ 이사장: 초대 윤치영, 2대 이은상, 3대 윤치영, 4대 최태섭
　　　　　 5대 정원식, 6대 노신영, 7대 조 순, 8대 황인성

◎ 기념관장: 초대 이문욱, 2대 김유혁, 3대 박인각, 4대 ㅈ

※ 승모회 창립 : 김선량, 김양기, 김양선, 김정연, 김홍ㅅ
　발기인(15인)　안학식, 안호상, 유 홍, 윤치영, 이 강, 이문욱
　　　　　　　　이민국, 이은상, 이 호

안중근의사 숭모회 기구표 및 역대 이사장

함세웅신부는 국제간첩 송두율의 배후인가!

사단법인 안중근의사 숭모회는 지난 3월 25일 함세웅신부가 주도하는 소위 '안중근기념사업회' 가 국가보안법 위반혐의로 구속재판중인 국제간첩 송두율에게 '안중근평화상'을 주었다는 보도와 관련하여 본 숭모회 전 임직원 및 회원은 경악과 분노를 금할 수 없었으며 이같은 이성잃은 만행에 대하여 언론에 즉각 공개 규탄한 바 있다.

간첩 송두율은 이미 서울지방법원 1심공판에서 북한노동당 정치국 후보위원으로 결론짓고 그동안 김철수라는 가명으로 북한을 드나들며 거액의 공작금을 받고 남한에 주체사상을 전파한 이적행위를 인정하고 7년형의 중형을 선고했다. 이 같은 재판결과로 '기념사업회' 의 정체와 함세웅신부의 불순한 이념성향도 백일하에 드러났다.

본 숭모회는 1962년도에 안의사의 숭고한 의열과 위업을 기리기 위해 설립한 대한민국의 유일한 사단법인으로 1970년 기념관을 건립하여 40여년간 안의사 사상 연구의 중추적 역할과 숭모사업을 계승하고 국민정신교육의 산 교육장으로 역할을 다 해왔다. 그럼에도 함신부는 지난해 6월 10일 정체불명의 단체들과 소위 '100인 선언' 이라는 기자회견을 갖고 본회임원진을 친일 수구, 냉전세력이라고 폄훼하고 300여명의 천주교신자들을 동원하여 기념관앞에 몰려와 소란을 피우고 명분없는 총회소집요구서를 법원에 냈다가 피의자 신원불명으로 각하되는 등 최근까지도 온갖 모략을 다해왔다.

지금 우리 사회는 개혁과 민주, 민족통일 이라는 명분으로 민주화 운동이 합법화되면서 민족간의 이념 갈등과 분열을 부추기는 친북세력의 음모를 경계하지 않을 수 없다.
안중근의사의 숭고한 애국정신을 모독하고 유사명칭으로 본 숭모회의 명예를 훼손한 사이비단체는 즉각 해체하고 당국은 대한민국 실정법을 무시하고 이적행위자를 고무 찬양한 후안무치안 함세웅신부를 의법 처단할 것을 촉구한다.

2004년 4월

안중근 의사 숭모회 2004. 4. 1일자 광고

漢 南 會
(754 - 9320)

제 142 호   2008. 11. 19.
수 신 : 全會員
제 목 : 12月 定例 모임 안내

1. 글 머리에

가. 左派宿主 노릇하며 5年보낸 노무현

　　노무현은 " 民主主義 2.0"의 개설로 사실상 정치에 복귀했다. 建國 60 주년 기념 "국군의 날"인 10 월 1 일, 그는 퇴임 후 가진 첫 서울 나들이의 공식 행사에서 李明博 정부의 대북.외교 정책을 강도 높게 비난하며 자신의 재임기간 내내 親北, 反美政策을 일관되게 추진한 사실을 무용담처럼 늘어놓았다.

　　이 날 노무현은 " 6.25 전쟁은 남침인가, 통일전쟁인가 하는 질문을 던지는 사람이 있는데 이는 악의적인 이념공세" 라며 " 국가보안법은 이념적 대결주의를 강력히 뒷받침하는 근거가 되고 있어, 남북대화에 걸림돌이 되고 있다"고 한 발언에서 보다 극명하게 드러난다.

　　이런 안보관, 국가관을 가진 자에게 5 년간 국가와 국민의 安危를 책임져달라고 막중한 대통령직을 맡겼다니 참으로 통탄할 노릇이다.

　　그는 대통령 취임 후 얼마 지나지않아 國家保安法을 " 박물관의 칼집에나 들어갈 유물"로 규정해 버렸다.

　　노무현은 이날 발언을 통해 또다시 " 국보법과 한미동맹을 허물어버려야 한다"는 식의 대국민 선동을 한 것이다.

> 인민에 행복이 나는
> 인민주권의 전당
> 2007. 10. 2
> 대한민국
> 대통령 노 무 현

사진은 평양 안수덩에 전시되어 있는 노무현의 친필.
노씨는 10.4선언 전 이곳에 들러 당당하게(?) 이 글을 적었다.

　　이런 노무현의 행태는 지난 大選과 總選을 통해 좌편향된 국가이정표의 수정을 요구한 민의를 무시하는 전면적인 배신행위라는 점에서 크게 지탄 받아 마땅하다.

1

한남회 제142호 회원통지문(2008. 11. 19.)

가 군사 반란으로 집권에 성공한 이후 안중근 의사의 민족과 국가에 대한 충성심을 박정희 자신에 대한 충성심으로 둔갑시키고자 1963년에 설립된 이 숭모회는 그 태생부터 아이러니하게 골수 친일파 윤치영이 초대 이사장이었고, 친일 문학가 이은상은 제2대 이사장이 되었다. 이 숭모회는 겉으로는 안 의사의 의전행사와 선양 및 연구활동을 표방하고 있었지만, 오랫동안 그들의 숭모사업은 기념식 등의 형식적인 행사에만 집중되어 있었고, 기념관의 관리 소홀은 물론 실제 안중근 의사가 추구한 독립과 평화의 가치를 제대로 알리려는 노력은 부족했다는 평가가 많았다. 조남욱이 활동했던 2000년대 초반 무렵에도 그 주요 핵심 간부들은 황인성, 김영광, 안응모 등의 수구적 친일 인사들이었고, 그들은 이를 바로 잡으려고 함세웅 신부 등이 새롭게 발족시킨 '안중근기념사업회'를 사이비 친북 세력으로 규정하고 함세웅 신부를 처단할 것을 촉구하는 광고를 일간신문에 게재하기도 했다(2004. 4. 1. 동아일보, 문화일보).

이 밖에도 조남욱은 한미협회 회원으로 주한 미국대사와의 만찬과 골프 모임에 참석하기도 하고, 김영광 전 국회의원이 주도하던 수구적 정계 모임인 한남회, 충남 부여 출신으로 수도권에 거주하는 3급 상당 이상의 공무원 및 국공기업체 임원 출신 모임인 백강회 등의 모임을 자신이 대표이사로 있던 서울르네상스호텔을 중심으로 후원하며 적극적인 활동을 펴나갔다. 한남회 회장이었던 김영광은 1931년생으로 박정희 정권에서 중

앙정보부 판단기획국장을 지냈으며, 이후 1979년 10대 유신정
우회 국회의원, 1981년 11대 한국국민당, 1992년 14대 민자당
국회의원으로 당선되었다. 김영광은 언론에 보도되었던 '조남
욱 일정표'에 따르면 극우 인사이자 극동방송 이사장인 김장환
과 함께 라마다르네상스호텔에서 조남욱과 저녁 만찬을 빈번히
즐겼던 인물이었다.

회장님의 주술 경영

조남욱이 선친을 이어 1983년 삼부토건 사장직을 맡은 이래로, 2007년 한국경영인협회로부터 '가장 존경받는 기업인상'을 수상할 정도로 회사 외부로부터는 존경받은 기업인으로 우상화되어 있었지만, 실제 그와 관련된 삼부토건 비서실과 라마다르네상스호텔에서 벌어졌던 일련의 은밀한 추문들은 입에서 입으로만 돌다가 묻혔고, 조 회장은 홀로 외롭게 지내는 측근이나 지인들에게는 종종 그가 알고 지내는 여성들을 소개시켜주려 했다는 멋쩍은 이야기들도 그의 측근들로부터 흘러나왔다. 라마다르네상스호텔은 삼부토건이 1988년에 강남구 역삼동 676번지, 일명 '상스사거리'에 준공하여 운영했던 자회사로 2000년에 호텔명이 서울르네상스호텔(SRH)로 변경되어 2015년 12월까지 운영되었다.

어떤 삼부토건 직원들은 공공연히 조남욱의 경영방식을 조롱하며 '좌무정, 우중산'이라고 칭했다. '무정'은 심무정이라는 땡중 역술인, '중산'은 부산에 거주하는 김중산 도사라는 역술인인데, 조남욱은 실제 회사의 주요한 의사결정을 이들에게 상당히 의존했던 것으로 판단된다. 특히 심무정은 조남욱의 충실한 심복으로 그의 그림자처럼 행동했다. 회장 자신의 운전기사나 여비서를 채용할 때에는 무정이 조 회장의 호텔 집무실에서 자리를 함께하며 합격 여부를 판단했음은 물론 회사 임원의 승진이나 현장소장 선임에 대한 결정도 그의 관상이나 사주 판정에 따라 이루어졌다. 회사가 정부 발주공사에 대한 입찰에 참가하는 경우, 그 투찰금액을 결정하는 것에서도 심무정의 역술은 최종적인 결정요소로 작용하는 것처럼 보였고, 회사가 사업부지를 선정하여 땅을 매입하는 경우에도 그의 역술은 상당히 중요한 요소로 작용했다. 실제 입찰 담당 업무를 했던 팀장이 입찰가 결정을 위해 회장의 결재를 들어가곤 했는데, 그 팀장은 조 회장이 무정과 전화 통화를 한 후 최종 결재를 한다고 이를 힐난하며 쑥덕거리기 일쑤였다.

심무정은 조남욱 일정표 등 회장 비서실에 있었던 자료에 따르면 1995년부터 심실, 심희리, 심무정, 무정스님 등의 이름으로 등장하지만 실제로는 1980년대부터 조남욱의 지근거리에

2007년 대한민국 가장 존경받는 기업인 '조남욱'

서 역술인 노릇을 수행하기 시작한 것으로 판단된다. 회사 선배들의 말에 의하면 회사가 1981년에 매입한 라마다르네상스호텔 부지도 그의 역술을 통해 최종 선정된 것이라고 했기 때문이다. 회사 운전기사들의 증언에 의하면 심무정은 특별한 거주지가 없이 처음에는 양재동에 있는 회장의 자택 인근에 거처를 얻어 머물렀지만 대부분 시간은 서울르네상스호텔에서 보냈다. 회사 직원들은 심무정이 머리가 짧고 삼부토건 사내에서는 마치 불자같은 옷을 입고 행동했기 때문에 대부분 그를 '무정스님'이라 불렀지만, 머리만 짧았을 뿐 그의 행동거지는 조남욱과 함께 유흥주점에서 노래하는 것을 즐기고, 골프를 치며, 심지어는 라이더 자켓까지 입고 다녔기 때문에 실제로 중이라고는 할 수가 없었다.

서울르네상스호텔 운영을 총괄하던 회사의 한 임원은 나에게 심무정이 호텔에서 조 회장과 자주 어울리는 것을 보았는데 자신은 그자를 아주 '나쁜 놈'이라고 생각했기 때문에 인사조차 하지 않고 지냈다고 했다. 심무정은 속세에서 너무 오래 머문 관계로 도력이나 신통력이 떨어질 때가 되면 조남욱 회장의 권유로 가끔 산간오지로 가서 이를 채우려고 노력했는데, 그가 찾아간 곳은 대부분 삼부토건이 네팔*이나 국내 벽지 도서에서 시공하는 토목공사 현장이었다. 어떤 현장의 직원들은 산에 토굴을 파서 그의 도량을 마련해 주기도 했고, 또 어떤 현장의 사람들에게는 그가 직원들의 눈썹을 다듬어 주면서 복이 들어오기를 기원해주었다. 심무정이 보는 관상의 핵심 요소는 눈썹의 모양이었던 것 같다. 그리고 이런 연유에서 네팔 현장의 도량에서 심무정과 한동안 함께 지냈다는 한 직원은 그를 '눈썹도사'라고 불렀다.

　　심무정은 강원도 삼척 출신이다. 조사해 본 바에 의하면 그는 삼척 영은사에서 파계 당한 승려의 아들로 태어나 영은사 입구 마을에서 성장했으며, 1960년대 초 탄허스님이 수행하는 토굴을 찾아가 그로부터 역학을 배웠다고 알려져 있었다. 이러한 사실은 2021년경에 내가 영은사 주지스님를 찾아가니 그가 신도들로부터 들은 얘기라고 하며 전해주었다. 오대산 월정사의 큰스님으로 이름이 널리 알려졌던 탄허스님은 역학의 대가로 함석헌과 양주동 선생도 그에게서 장자를 수학했다고 하며,

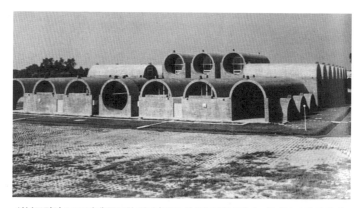

삼부토건이 1990년대 준공한 네팔 '룸비니' 박물관(룸비니는 석가모니의 탄생지)

1959년부터 1962년까지는 영은사 토굴에서 후학을 양성했다고
알려져 있었다. 영은사 인근에 살고 있는 심무정의 가까운 친척
또한 탄허스님으로부터 그가 역학을 배웠다고 하며, 이른바 '희
리'라는 법명은 심무정이 탄허스님의 제자임을 나타내는 징표
라고 했다. '희'라는 돌림자는 탄허의 제자들이 쓴 법명에 들어
있다고 했다.

　가까운 친척의 증언에 의하면, 영은사 인근 산속에 움막

---

*

삼부토건은 네팔에서 1977년 쿨레카니댐 수력발전소
건설공사를 시작으로 불교성지 룸비니 개발공사(박물관,
도서관, 연구원), 카트만두의 트리부반 국제공항 확장공사
등을 2000년대까지 지속적으로 시공했고, 조남욱 회장은
1998년 3월 네팔에서 심무정과 관광을 함께하기도 했다.

영은사(靈隱寺), 강원도 삼척시 근덕면 궁촌리 924 소재 조계종 사찰

을 짓고 살면서 역술을 보던 1970~1980년대 당시에도 외지에서 신통 난 심무정의 점술을 보기 위해 많은 사람들이 찾아왔다고 하니, 그런 신통력에 대한 소문은 그를 서울의 정관계나 검경 인사들에게 진출할 수 있게 만든 기제가 되었던 것으로 보인다. 심무정의 신통력은 그 후 법조계에서 특히 유명했다고 하며, 그는 조남욱의 후계자였던 조시연에게도 이를 과시하며 그에게 자신이 잘 아는 검사들을 소개시켜 주겠다는 이야기를 현장의 직원들 앞에서 늘어놓곤 했다. 그리고 심무정이 윤석열을 처음 알게 되었을 때는 윤석열이 영은사 인근에서 사법고시를 준비하던 때였다고 절 인근의 주민들에게 알려져 있었다. 실제 2021년경에 '서울의 소리' 이명수 기자가 녹취한 김건희의 말은 이렇게 되어있다.

"(무정스님이) 우리 남편 20대 때 만나가지고, 계속 사법고시 떨어지니까, 그 양반이 너는 3년 더 해야 한다. 딱 3년 했는데 정말 붙더라고요. 그래가지고 그분이 우리 남편 검사할 생각도 없었는데, 너는 검사할 팔자다 해가지고, 검사도 그분 때문에 됐죠."

심무정을 아는 지인들의 말과 유사해 보인다.

삼부토건의 기업회생 신청과
조남욱 회장의 몰락

....

1948년 설립된 이래 개발경제시대를 거쳐 60여 년간 국내외의 공공토목공사를 주력사업으로 지속적인 흑자경영을 통해 기업 자산을 축적해 온 삼부토건은 자회사인 서울르네상스호텔, 삼부건설공업, 신라밀레니엄파크 등과 함께 전체 매출액은 1조 원, 전체 상시 종업원 수는 1,300여 명에 달하는 등 2000년대 중반까지 중견그룹으로 안정적인 기업활동을 영위했다. 그러나 이러한 고성장시대에 노동자들의 장시간 근로와 헌신을 바탕으로 안정적으로 회사 자산을 축적해 왔음에도 불구하고 기업 내부의 현실은 개발독재시대의 권위주의적 의사결정방식을 전혀 개선하지 못하고 있었다. 대표이사이자 회장 조남욱은 심무정

도사라는 무속인을 최측근에 두고 주술 경영에 빠져 있었음은
물론 그 지배주주 가족들은 주주총회의 전권을 장악하고, 이사
회의 이사 및 감사, 집행임원 등을 모조리 자신들의 하수인으로
선임함으로써 기업 운영은 독단적이고 불투명한 권위주의적 황
제식 혈연 경영을 벗어나지 못했다. 기업 부실화의 뇌관은 언제
어디서 어떻게 터져도 전혀 이상하지 않은 상황이었다.

　게다가 2000년대 초반부터 시작된 금융과 부동산 거품 시
대를 지나오면서 삼부토건 지배주주 조남욱 일가들은 마침 2세
인 조남욱의 동생 조남원과 3세인 차남 조시연 사이에서 경영
권 세습 경쟁이 벌어졌다. 조남욱 대표이사 회장 외에 삼부토건
회사 경영의 핵심 역할을 한 혈족으로 동생 조남원은 대표이사
부회장 지위에 있었고, 차남 조시연은 기획실 및 관리본부를 거
치며 전무, 부사장으로 재직했고, 삼남 조성연은 관리본부의 상
무, 전무이사를 지냈다. 조남욱의 장남이었던 조승연은 전술한
것과 같이 1997년 젊은 나이에 일찍 지병으로 세상을 떠났다.
이 세습 경쟁 과정에서 2006년부터 금융부동산 브로커를 통해
본격적으로 부실 프로젝트파이낸싱 사업에 대한 투자를 2세 조
남원과 3세 조시연이 밀실에서 경쟁적으로 결정하게 되었다.
결국 사업부서 직원들의 강력한 반대에도 불구하고 회사조직에
의한 철저한 사업성 검토 없이 비선라인을 통해 그들은 각각 무
모한 PF대출보증과 시공참여를 결정했고 회사는 막대한 손실
을 입게 되었다.

실제 2007년 이후 헌인마을 개발사업, 카자흐스탄 주거복합단지 개발사업, 유러피안리조트 개발사업, 타니골프장 개발사업 등 삼부토건 경영진이 참여를 결정하여 지급보증한 PF대출원금은 약 8,000억 원에 이르렀고, 2015년에 최종적으로 회생절차신청을 하기 전까지 이에 대해 지급한 고율의 이자는 4,000억 원에 달했다. 대부분의 PF사업이 애초부터 진행이 불가능했거나 가능했더라도 이에 대한 막대한 손실을 회사의 대여금으로 처리하여 실제 회사가 회수한 금액은 2,000억 원에도 미치지 못해 1조 원 이상이 손실처리 되었다. 그 당시 우리은행 등 채권금융기관 또한 대출사업에 대한 실질적 사업성 검토나 심사 없이 '서울르네상스호텔'이라는 우량자산을 보유한 삼부토건 이사회의 PF사업 채무보증 결정만으로 시행사에 부당한 대출을 해줌으로써 부실사업 결정과 관련 없는 다른 기업구성원들, 즉 노동자나 소액주주, 협력업체 등에게 막대한 사회·경제적 손실을 입게 하는 데 일조했다.

그보다 이전 2011년 4월 헌인마을사업과 유러피안리조트사업 등 사업시행사들에 대한 PF보증채무의 원금 상환기일이 도래하자 비로소 삼부토건은 법원에 1차적으로 기업회생절차 개시를 신청하여 기업부실화를 외부에 명확히 드러내게 된다. 이 당시 삼부토건은 5,000억 원에 이르는 대출원금과 고율의 이자를 감당할 수 없는 처지였다. 이 때문에 조남욱은 경영권을 포기하고 법원의 강제적 구조조정을 통하는 방법 이외에는 기

SAMBU

100-804 서울특별시 중구 남창동 9-1
9-1, Namchang-dong, Jung-gu, Seoul 100-804, Korea
TEL 82 2 3706 2114 FAX 82 2 756 3901

삼부총제 03-14/00 호
시행일자 : 2014. 5. 13.
수   신 : 노동조합위원장
참   조 : 사무국장

제   목 : 직원 체불임금 해소계획 알림

<hr />

　　　1. 직원 임금체불 장기화로 고통을 끼친 점 진심으로 사과드립니다.

　　　2. 사측의 직원 채불임금 해소계획을 아래와 같이 알려드리니 부디 검토하여 수락하여 주시기 바라며, 회사의 어려운 사정을 감안하여 총파업을 자제하여 주시기 바랍니다.

　　　3. 지불계획

　　　　가. 가용 자금 : 호텔을 제외한 일반 부동산(매각 예정가 2,500억원)의 우리은행 지불보증 일괄자산담보부 사채발행 1,350억원

　　　　나. 1,350억원 사용계획

- 우리은행 담보대출 상환 : 720억
- 시국세 등 세금 납부 : 87억
- 미지급 급여 및 상여('14. 2월 까지) 지급 : 66억
- 명예퇴직금(일반 퇴직금 14억 제외) : 30억
- 협조융자(7,500억) 이자 상환 : 129억
- 일반대출 이자 상환 : 60억
- 내곡동 PF이자 등 상환 : 175억
- 유러피안 PF이자 상환 : 27억원
- 전도자금(준공 미불, '13. 6월 까지) : 28억
- 자재 미불('13. 10월 까지) : 22억
- 기타 : 6억

　　　　　　--------------------- 계 1,350억

　　　※ 현장 자금집행을 최소화한 필수자금을 집행

<hr />

자율협약 기간 중 삼부토건의 자금 사용 내역이 표시된 회사측 공문(2014. 5.)

업을 제때 회생시킬 수 있는 특별한 방도가 없었다. 그럼에도 당시 시장의 갑작스런 혼란 야기를 기피하는 정치권력과 부실 사업에 대한 무리한 대출 강행으로 수천억 원의 돈을 떼일 처지에 놓인 금융기관들은 그 책임을 회피하기 위해 삼부토건 부실 경영진을 회유하여 서울르네상스호텔 부지를 담보로 회수가 불확실한 회생채권을 부동산담보부 채권으로 전환하고 기업회생절차개시 신청을 철회시켰다. 당시 이명박 정부는 조남욱 회장을 청와대로 불러 경제혼란 방지를 위해 기업회생절차를 철회하도록 회유한 것이었다.

이때 삼부토건은 기업회생절차 신청을 철회하는 조건으로 우리은행 등 7개 시중은행들로부터 7,500억 원의 협조융자를 받고 2011년 7월 대주단과 자율협약(재무개선 약정)을 체결하였으나, 당시 부실화의 심각성으로 미루어 보나, 나중에 드러난 사실로 보나 자력 회생은 불가능한 상황이었다. 그럼에도 불구하고 조남욱 지배주주 일가는 '언 발에 오줌 누기' 식으로 자율협약을 체결하여 그들만을 위한 부질없는 경영권을 얼마간 연장할 수 있었고,* 대주단은 7,500억 원의 협조융자를 통해 일부 부실채권은 즉시 회수하고, 남은 채권은 삼부토건의 우량자산에 대해 1순위 담보권을 설정하는 횡재를 누렸다. 더구나 대주단 은행들이 협조융자 대상인 기업에 유동성을 전혀 남겨놓지 않고 2년간의 선이자 1,000억 원까지 떼어 놓았던 것은 기업의 실질적인 재무개선에는 애초부터 아무런 관심이 없었음을 의미

2015년 초 노동조합의 조남욱 회장실 점거농성

하는 것이었다.

결국 조남욱을 비롯한 지배주주 일가를 제외한 다른 모든 기업의 이해당사자들이 대부분 예측했던 대로 자율협약 기간인 2011년 7월부터 다시 재차 기업회생절차를 신청한 2015년

*

조남욱 회장은 2015년 8월 기업회생절차 신청으로 삼부토건 및 서울르네상스호텔 경영권이 완전히 배제된 이후에도 이듬해 1월까지 계속 호텔 집무실에 머무르며 불법으로 호텔 경영주로서 행세했다. 이러한 그의 호텔에 대한 집착과 깽판은 노동조합의 탄원으로 2016년 1월 말경이 되어서야 비로소 법원의 금지명령을 통해 그를 강제 퇴거시키면서 멈추게 되었다.

 금 융 위 원 회

수신 전국건설기업노동조합 삼부토건(주)지부 위원장
(경유)
제목 민원회신

  1. 금융위원회에 접수된 민원(접수번호: 2CA-1501-186368) 관련입니다.

  2. 귀 조합에서 제기해주신 내용과 관련하여, 채권금융기관 자율협약은 해당 채권
은행들간 상호 협의하에 자율적으로 이루어지는 것으로 저희 금융위원회에서 답변드리는
것이 타당치 않다고 사려되어 이와 관련된 내용은 금융감독원으로 이첩하여 금융감독원
에서 답변드리도록 조치하였음을 알려드립니다.

  3. 또한 질의 3번과 관련하여 법원에 회생절차 신청여부는 삼부토건(주)의 내부
경영사항에 속하는 내용으로 금융위원회에서 답변드리기 어려운 점 양해해주시기 바랍
니다. 끝.

금융위원회위원장

주무관   구조조정과 대걸 2015. 1. 23.
      김준환   지원팀장 선옥
협조자

시행 구조개선지원과-69   (2015. 1. 23.)   접수

우 100-745   서울특별시 중구 세종대로 124 금융위원회   / http://www.fsc.go.kr/

전화번호 02-2156-9927   팩스번호 02-2156-9469   / fsckim@naver.com   / 비공개(6,7)

개방·공유·소통·협력의 정부3.0, 국민과 함께 만들어 나가겠습니다.

노조의 자율협약 폐기 요구에 따른 금융위원회 회신(2015. 1.)

금융은 튼튼하게, 소비자는 행복하게

금 융 감 독 원

수신   서울특별시 중구 퇴계로 63 삼부토건노동조합
(경유)
사본수신
제목   민원 회신(삼부토건노동조합)

    1. 국민신문고를 통해 우리원에 접수(2015.1.21.)된 귀하의 민원에 대한 회신입니다.

    2. 삼부토건의 기업구조조정은 「대주단 운영협약」에 따라 채권금융기관이 구체적인 구조조정 방안을 자율적으로 결정하여 추진하고 있으며, 구조조정 기업의 경영진 교체 여부도 채권금융기관과 기업이 체결한 약정에 따라 채권금융기관이 결정할 사안임을 알려드리니 양지하여 주시기 바랍니다. 끝.

금융감독원장

담당부서 기업금융개선국 (기업금융개선3팀)
조사역   김원준   팀장   전결 2015.02.04.
합의자   강선남
시행   기개삼-00004 (2015.02.04.)
우 150-743 / 서울특별시 영등포구 여의대로 38   / http://www.fss.or.kr
전화번호 3145-6373 팩스번호 3145-6399   / kimwonjoon@fss.or.kr / 비공개(7)

노조의 자율협약 폐기 및 불법 경영진 퇴출 요구에 따른 금융감독원 회신(2015. 2.)

8월까지 약 4년 동안 삼부토건의 기업 부실화는 점점 가중되어 갔다. 이 과정에서 조남욱은 자신과 차남 조시연의 허물에는 눈을 감고 기업 부실화의 책임을 경영권 분쟁의 상대방이자 동생인 조남원 부회장에게 모조리 덮어씌우는 작업에 들어갔다. 조남욱 부자는 2011년 10월 평소 두텁게 쌓아온 검찰 권력을 동원해 헌인마을 사업과 카자흐스탄 사업을 추진했던 조 부회장의 배임횡령 혐의에 대한 압수수색을 거창하게 시작했지만, 결과는 그들 부자의 뜻대로 흐르지 않았다. 수사는 서울중앙지검 특수2부(부장 한동영)가 담당했고, 조남욱은 회사측 대리인으로 대검 중수부 출신인 유재만을 선임했다. 유재만은 수사 중반까지 조남욱 회장과 조시연 부사장만을 위해서만 변호 활동을 했고, 조남원 부회장이나 다른 직원들의 변호에는 전혀 관심이 없었다. 소송대리인 계약서에도 최고경영자 조남욱 회장의 불기소처분만을 목적으로 하고 있었다.

　수사 과정에서 조남욱 회장의 투자사업 결정에 대한 과실이 드러났을 뿐만 아니라 조남원 부회장 측을 지지했던 임원과 시행사 대표는 당시 전관으로 유명했던 홍만표를 선임해 대항하며 조시연의 유러피안리조트 사업에 대한 배임 횡령 혐의를 맞고소했기 때문에 당시 기획된 삼부토건의 조 부회장과 관련 임직원 등에 대한 고발사건은 조남욱 회장이 결국 정상명 전 검찰총장을 고문으로 선임하면서 다음해 2012년 1월에 1차적으로 종결시킬 수밖에 없었다. 조시연은 나중에 이러한 배임 횡령 혐의로 결국 수원지검의 수사를 받고 기소되어 징역형을 선고 받았지만, 당시 조남욱 부자에 의해 동원된 검찰 권력은 윤석열 일당이 개입된 것으로 여겨지며, 이 사건의 실체적 진실은 회사 내부의 은밀한 고발자였던 조시연이 기획한, 그 당시의 경영권 분쟁을 해결하기 위해서 이루어진 정적 제거 목적의 수사로 판단된다. 이에 대한 상세한 기술은 뒷장에서 후술할 예정이다.

그 이후에도 또 무능한 조남욱과 그의 삼남은 자신들의 경영자질 부족을 감추고 회사 내 구성원들에게 자신들의 능력 과시를 위해 회사조직 이외에 별도의 비선라인을 통해 주요 경영사항에 대한 의사를 결정하기도 했다.*

갑작스런 기업 부실화로 큰 위기에 직면하여 자율협약까지 체결한 상태에서 동양그룹 불법 주가조작 사태의 주범으로 알려진 '아인에셋투자자문'에 사적인 자문을 구하는 등의 그러한 행각은 결코 부실화된 기업의 정상화를 위한 것이 아니었으며, 단지 지배주주의 부실경영권 보전과 자산매각에 따른 이익의

*
2012년 1월 검찰의 수사가 1차적으로 종결된 이후, 후계자 조시연 부사장과 조남원 부회장의 경영권 분쟁은 두 사람이 모두 삼부토건 경영에서 물러나는 결과를 초래했다. 조남원은 부회장직을 내려놓았고, 조남욱의 후계자였던 조시연 부사장은 자회사인 삼부건설공업의 사장으로 전직했다. 이때부터 삼부토건 경영은 삼남 조성연 주도로 이루어졌다.

사유화에만 온통 초점이 맞춰져 있는 일이었다. 자금조달 목적이 아닌 회사에 부담만 지우는 '꺾기식 신주인수권부 사채발행, 황금낙하산 제도* 도입 시도, 부당한 유상증자 시도 등 대부분의 사적 자문을 통한 의사결정이 그러했다. 서울르네상스호텔 등의 자회사 및 부동산 매각 또한 이러한 불법적인 부실 경영으로 인해 제때 이루어지지 않았고, 그때까지 그나마 남아있던 기업 정상화의 미약한 여력도 이러한 비선 실세들의 기업에 대한 권력 농단으로 끝내 사라져 버렸다.

이렇게 실질적인 기업 정상화에 대한 어떤 고려도 없었던 기업구조조정 과정은 나아가서 자회사인 서울르네상스호텔 부지를 자율협약 체결과정에서 대주단 담보로 제공되었기 때문에 멀쩡했던 서울르네상스호텔이라는 회사는 그 근거 기반인 토지가 사라져 갑작스런 재개발 위기에 대책 없이 몰리게 되었고, 2016년 대주단은 신탁된 호텔 부지를 투기자본에 헐값에 공매 처분함으로써 500여 명의 호텔 종업원들은 일자리를 잃고 뿔뿔이 흩어졌다. 또 자율협약 기간 동안 채권금융기관은 경영진의 부실 경영을 이유로 삼부토건에 유동성을 일절 공급하지 않은채 매년 800억 원의 이자만 챙겨갔기 때문에, 회사는 경영권을 연장시키기 위해 남아있는 다른 자산을 매각하거나 자회사의 주식을 추가 담보로 맡기며 연명했으며, 회사의 유동성 고갈로 공사 기성금을 제때 지급받지 못한 협력업체와 상시적 임금체불 상태에 놓인 회사 종업원들의 고통은 점점 더 가중되어

'亡삼부토건'이라는 관을 든 삼부토건노조의 우리은행 앞 집회시위,
자율협약 폐기 및 조씨일가의 퇴출 요구(2014. 6.)

*

인수합병으로 경영권이 빼앗기면 기존의 지배주주는 수백억
원의 보상금을 받는다는 조항을 정관에 넣으려 했으나 노조의
투쟁으로 결국 실패하고 만다.

갔다.

당시 회사 자산에 대한 담보 확보 등으로 더 이상 자율협약을 지속시킬 이유가 없어진 채권단이 조남욱을 비롯한 부실 경영진이 요구한 자율협약 연장을 최종적으로 거절하게 되자, 회사는 2015년 8월 중순에야 기업회생절차개시 신청을 하게 되는데, 이 시기에 이르러서는 회사 종업원의 체불임금이 한때 6개월 치인 200억 원에 다다르기도 했으며, 공공 공사현장은 공사 기성금이 대부분 가압류되어 거의 가동중단 상태에 빠져 있었다. 자율협약 체결 초기부터 서너 차례 협약이 연장되는 동안 노동조합은 회사의 조남욱 일가의 독점적 기업지배구조, 세습경영의 폐단, 조남욱 부자의 불법투자행위, 채권단의 탐욕 등으로 인해 애초부터 시장자율에 의한 구조조정은 불가능함을 인지하고, '불법 경영진 퇴진', '자율협약 폐기', '대주단의 역할과 책임 강화' 등을 요구하는 집회 및 시위, 두 차례의 장기 파업 등을 전개하였다.

그러나 채권단은 노동조합을 '기업경영 문제에 일절 관여할 수 없는 권한 없는 자'로 함부로 규정하며 자신들의 이익 챙기기를 방해하는 하나의 걸림돌로밖에 여기지 않았다. 오직 회사 자산에 대한 추가적인 담보 설정으로 약정이자를 챙겨가는 것에만 몰두했다. 금융위원회, 금융감독원 등의 정부의 금융감독기관 또한 노동조합의 수십 차례에 걸친 부실 대출과 경영진의 불법행위에 대한 진정 및 집회 시위를 통한 정부의 통제 및 개입요구에도 불구하고, 현행법상 시장 자율에 내맡길 수밖에 없다는 답변만 되풀이하면서 모르쇠로 일관하는 태도만 취했다. 조남욱 회장을 비롯한 불법적 경영진이 2011년에 자율협약을 체결하고 2015년 8월까지 이를 연장하면서 경영권을 계속 행사할 수 있었던 이유 중에는 채권단 대표인 우리은행의 비호 또한 한몫을 한 것으로 생각되었다. '조남욱 일정표'에 의하면 당시 이팔성 우리은행 회장 등은 조남욱과 몇 차례 만찬을 가졌으며 명절에도 주기적으로 갈비나 정육 선물 셋트를 받았다. 조남욱의 명절 선물리스트 중 정육이나 갈비는 대통령급이나 검찰총장급, 그리고 윤석열 같은 고위직 중수부 검사와 같이 어려울 때 상당한 도움이 되는 최상급 로비 대상에게만 보내졌다.

2015년 7월 1일 조 회장은 우리은행 이사회 의장 출신인 박영수 전 서울고검장을 비상임 법률고문으로 위촉하고 월 300만 원의 급여성 고문료를 지급하기 시작했다. 7월 20일에는 자율협약 연장을 채권단에 재차 요청했다. 그러나 7월 27일 채권단협의회는 우리은행이 부의한 협약연장 안건을 최종 부결하였다. 이에 따라 8월 3일 삼부토건의 협조융자 대출 약정에 따른 기한의 이익은 모두 상실되고 르네상스호텔은 공매에 부쳐졌으며, 8월 17일 삼부토건은 마침내 기업회생절차개시 신청을 할 수밖에 없는 처지가 되었다. 채권단이 4년의 자율협약 기간 동안 연 800억 원의 이자와 남아 있던 삼부토건의 자산까지 거의 담보로 챙겨갔기 때문에 더 이상의 협약연장은 불필요했기 때문이었다. 기업회생절차개시 신청 후 며칠 뒤 서울중앙지법 파산부 담당 부장판사 이재희가 회사를 방문하여 회생신청 회사 대표를 심문하였는데, 노동조합 대표는 그 자리에서 그동안의 부실경영 책임을 물어 조 회장 일가 및 측근들을 경영에서 즉시 배제시켜 줄 것을 요청하고, 법률상의 관리인 또한 그들과 관계가 없는 외부의 제3자를 관리인으로 선임해 줄 것을 간절히 요청하였지만, 조남욱은 담당 부장판사에게 비굴한 웃음까지 머금으며 그의 꼭두각시인 남모 사장을 관리인으로 선임해 줄 것을 요청하였다.

기업회생절차개시신청 이후에도 조남욱 회장은 담당 재판부를 설득하여 자신의 경영권을 유지 보존하려는 모습을 보이고 또 재판부가 DIP제도*를 적용하여 당시 대표이사사장을 관리인으로 임명하자, 노동조합은 즉각 조남욱 회장 등 주요경영진을 업무상배임죄, 증뢰죄, 배임증재죄 등으로 검찰에 고발하고, 2016년 2월까지 약 5개월간 모두 8차례에 걸쳐 조 씨 부자의 불법적 경영에 대한 탄원서를 재판부에 제출했다. 탄원서의 주요 내용은 다음과 같은 것들이었다.

① 조남욱의 차남 조시연 부사장이 유러피안리조트 사업을 추진하며 뒷돈을 받아 챙긴 혐의로 기소되어 2년 실형과 22억 원의 추징금을 선고받고 복역 중이며, 위 사업의 추진과정에서 공사 내용 등을 숨김으로써 회사에 수천억 원의 손해를 끼치게

한 것.

② 조남욱의 삼남 조성연 전무가 회사 정상화를 위한 자율협약 상황에서 자산 정리 및 구조조정 업무를 독점하고 특정 비선라인을 끌어들인 후 자문용역 명목으로 거액의 자금만 지출하는 등 회사의 정상화를 적극 방해하는 행위를 자행했다는 것.

③ 조남욱 회장 역시 채권단과 재무개선 특별약정을 체결하는 재무위기 상황 이었음에도 자신의 경영권 방어 목적으로 신주인수권부사채 발행한 후 신주인수권을 분리하여 본인 및 자문 회사에게 매각하게 하고, 황금낙하산 제도를 도입시도 하는 등 자신의 경영권만을 공고히 할 목적으로 하는 행위에 대해 그 모든 발행비용을 회사에 부담시킨 잘못을 저질러 왔다는 것.

④ 결국 대주주이자 대표이사 회장 조남욱과 두 아들은 회사 경영을 전횡하면서 독단적인 의사결정으로 무분별하고 불법적인 개발사업에 뛰어들었고, 모든 이런 사업들이 부실화되어 회사에 약 1조 원 이상의 피해를 입혀 마침내는 기업이 도산 직

*

DIP제도란 회생절차기업의 기존 경영자를 관리인으로
임명하는 제도이며, 당시 재판부는 대표이사 회장 조남욱이
아닌 대표이사 사장인 남○○을 관리인으로 임명했다.
관리인 남○○은 조남욱 회장이 2016년 2월 법원의 결정으로
삼부토건과 르네상스호텔에서 완전히 퇴출되기 이전까지는
당연히 조남욱의 하수인처럼 행동했다.

전에 이르러 회생절차를 신청할 수밖에 없는 처지에 만들었다는 것.

⑤ 기업회생절차개시 신청과 관리인 지명으로 서울르네상스호텔에 대한 경영권 행사 권한이 없음에도 조남욱 회장이 호텔 경영을 불법적으로 지속하면서 호텔부지 매각에 대해 '깽판치기'를 계속하고 있다는 것.

⑥ 조남욱의 차남 조시연 부사장이 징역 2년 형을 선고받고 복역 중임에도 자회사인 삼부건설공업을 통해 지속적으로 불법적인 급여를 지급해 왔다는 것.

삼부토건이 2015년 8월에 신청한 기업회생개시결정은 회생계획안이 3차에 걸쳐 수정되었지만 결국 2016년 2월 26일 담당 재판부의 회생계획 인가 결정을 받았다. 인가 결정의 내용 중 대주주 조남욱 회장 일가에 대한 사항은 대부분 노동조합이 요청해 왔던 것을 재판부가 대체로 늦게나마 수용하였는데, 이것으로써 조남욱 회장 일가가 소유한 회사의 주식들은 100% 모두 소각처리 되었다. 담당 재판부는 또 인가일 즉시 조남욱 부자의 직위는 모두 해임하면서 삼부토건과 서울르네상스호텔에 있었던 그들의 집무실을 모두 폐쇄하고 자회사를 관리하는 조남욱의 특수관계인에 대한 해임 절차도 즉시 시행하라는 지시를 함께 내렸다. 회생법원의 위와 같은 결정으로 인해 삼부토건에서 조남욱 회장 일가는 모두 퇴출되었고, 1948년 이래 이승만

정권과 개발독재 권위주의 시대의 정경유착을 기반으로 성장하여 3세 경영의 시대까지 열려고 했던 삼부토건 – 르네상스호텔 그룹은 단번에 해체되어 붕괴되었다.

그룹의 상징이자 희망으로 여겨졌던, 한때 땅값만 2조 원에 이른다고 했던 강남 역삼동의 서울르네상스호텔도 사모펀드에 매각된 뒤 얼마 후 완전히 철거되어 이제는 자취도 없이 사라져 버렸다.[*] 권위주의 시대와 주술 경영의 상징이었던 조남욱이 삼부토건에서 함께 사라진 것이었지만, 그 독단적 권위주의와 주술 경영의 망령은 그가 맺어 주었다는 한 부부를 통해 머지않아 점점 더 크게 확대, 재생산되어 검찰과 국가로 내닫고 있었다.

[*]
삼부토건은 이후 2017년 9월 새로운 회사 경영 주체들이
유상증자 방식으로 기업을 인수하여 기업회생절차를
종결하고 정상 기업으로 다시 출발했다.

조 회장에 대한
노동조합의 고소·고발

회사가 기업회생절차개시를 신청한 직후인 2015년 8월 26일, 노동조합은 조 회장 부자 등 삼부토건 주요경영진을 업무상 배임, 증뢰, 배임증재 등의 혐의로 서울중앙지검에 고발했다. 주요 고발 내용은 전환사채를 발행하는 과정에서 운영자금 목적으로 조달된 300억 원을 회사가 1원도 사용하지 않고 1년 후 그대로 상환하고 회사 비용만 탕진한 것이었다. 노동조합은 검찰 고발 이전인 2013년 사채발행 당시에도 이들의 해당 불법행위를 금감원과 금융위에 민원을 제기했으나 해당 기관은 사채발행 회사인 메리츠증권 업무 담당자에 대해 징계 조치만 하였을 뿐이었고 삼부토건이나 조남욱 회장에 대해서 어떠한 조치도

삼부토건노조의 금융위 앞 집회(2014. 5.)
불법 경영진 퇴출 및 우리은행 채권단의 부당한 자율협약 폐기 요구

취하지 않았다. 조 회장과 삼남 조성연 전무는 소송대리인으로 조 회장의 사촌 매제이면서 '대륙아주'의 대표이자 서울고검장과 법무연수원장 출신인 정진규 변호사를 선임하고 투자자문사 등 비선 라인과 비밀리에 대응팀을 꾸려 회사의 직원들에게 관련 내용이 새어나가지 않게 했다.

2013년 7월에 회사 이사회가 운영자금 조달이라는 명목으로 300억 원의 신주인수권부 사채발행을 결의했는데, 이는 회사가 수개월 치의 임금체불과 하도대금 미지급으로 자금난에 허덕이고 있어 운영자금이 절실한 상태였음에도 애초부터 그것을 목적으로 하지 않았다. 당시 사채발행 회사였던 메리츠증권은 위 사채를 인수하여 신주인수권을 분리한 뒤 2013년 9월경에 조남욱 회장에게 2,303,439주를, 비선의 투자자문사들에

61

게 2,303,440주를 각각 매도하였지만, 회사는 사채발행을 통해 조달된 300억 원은 단 1원도 운영자금으로 사용하지 못하고 그 전액이 발행회사인 메리츠증권에 '꺾기식'으로 담보 예치되어 있다가, 결국 사채발행 1년만인 2014년 7월 5일 전액 조기 상환되었다.

　누가 보더라도 당시 사채발행 목적은 처음부터 자금조달이 아닌 조 회장 등 대주주의 회사 지분 확보를 위한 신주인수권을 위해 회사에 사채발행비 등 10억 원 이상의 불필요한 비용을 부담시킨 명백한 배임행위였다. 조 회장을 비롯한 신주인수권자들의 수십억 원의 신주인수권 매입 비용 또한 그 출처가 매우 의심스러웠다. 어떤 사람들은 당시의 이러한 신주인수권부 사채발행이나 '황금낙하산 제도 도입시도'와 같은 대주주 조 회장 부자의 어처구니없는 불법적 행위들이 단지 조남원 부회장 측의 경영권 장악을 우려한 지나치게 과도한 방어 전략이 아닌지 의심했다. 그러나 나중에 이러한 추측들은 사실이 아닌 것으로 드러났다. 2013년 11월 조시연 부사장에 대한 수원지검의 구속영장 청구서에서 드러난 것과 같이 유러피안리조트 시행사 대표 성모씨와 삼부토건의 조시연 부사장, 기획실 이모 부장 등이 짜고 있었던 적대적 M&A 계획 때문에 그러한 일들이 실행되었다고 보는 것이 오히려 타당해 보였다. 조시연의 수원지검 사건에 대해서는 뒷장에서 후술할 예정이다.

　2015년 8월 조남욱 회장에 대한 노동조합의 해당 사건 고발 이후, 그해 10월 말이 되어서야 나는 서울중앙지검 김종우 검사에게 고발인 조사를 받았다. 고발인 조사 시간도 얼마 걸리지 않았고 질문 내용도 많지 않았다. 그리고 다음 해 1월 이 사건은 이곤호 검사에게 송치되었지만, 검찰은 시간을 보내며 문자로 자료 제출 타령만 할 뿐이었고 압수수색 등의 적극적인 수사 의지는 보여주지 않고서 고발한 첨부 자료만을 증거로 마지못해 기소하는 느낌을 주었다. 피의자 진술에 대한 사실 확인이나 대질심문 같은 것도 없었고, 조 회장을 비롯한 핵심 피고발인에 대한 조사가 어떻게 진행되고 있는지 알려 주는 것도 일절 없었다.

다음 해에 조 회장의 불법경영 혐의에 대한 재판이 시작되었지만 검찰은 나에게 증인 신청도 하지 않고 재판을 진행했던 것으로 기억된다. 담당 재판부는 서울중앙지법 형사합의 33부였고 부장판사는 2017년 국정농단 재판시 삼성 이재용의 원심 재판에서 처음 담당판사로 배정되었다가 최순실 후견인의 사위라는 이유로 대법원이 개입했다는 의혹을 받고 교체된 이영훈 판사였다.

빤한 재판 결과가 예상되었지만, 나는 2017년 9월 재판정을 찾아 선고내용을 직접 지켜봤다. 재판장은 회사 자금조달의 목적 없이 오로지 피고인의 경영지배권 강화만을 목적으로 신주인수권부사채를 발행해 대표이사의 임무를 위배했다고 단정하기 어렵다며 12억 2,000만 원의 특경법상 배임 혐의에 대해 무죄를 선고했다. 다만 고발인에게 미안해서인지 재판부는 조 회장이 신주인수권(워런트) 매수대금으로 회사돈 2,000만 원을 횡령한 것에 대해서는 유죄로 판단하고 벌금 500만 원의 선고유예형을 선고했다. 2,000만 원은 월급으로 미리 당겨 받은 것이며 나중에 갚았다는 조 회장의 강변을 숨도 쉬지 않고 그대로 받아들인 결과였다.

검찰은 물론 항소했지만 애초부터 부실한 수사와 기소로 판단되었기에 항소심 재판부에 기대할 것은 많지 않았다. 다만 2017년 10월경 항소심 담당이었던 이곤호 검사는 전화로 나에게 추가자료 제출할 것이 있으면 제출하라고 해서, 2013년 7월 5일에 있었던 노사단체 교섭 회의록과 노동조합 속보를 팩스로 보내주었다. 속보에는 당시 상황이 자세히 기록되어 있었고, 회의 녹취록에는 회사 측 위원이자 관리본부장인 박모 전무가 사채발행으로 회사에 들어와야 할 운영자금 300억 원이 전부 담보로 '파킹'된다고 말한 내용이 들어 있었다. 항소심 재판에서는 2017년 12월에 재판부가 필자를 증인으로 채택해 필자는 증인소환장을 받고 재판정에서 관련 내용을 진술하였다. 그러나 결국 재판결과는 원심과 달라지지 않았다. 판결 선고가 있었던 날, 법정 밖에서 조 회장과 함께 온 삼남 조성연 전무는 나를 발견하고 악수를 청했다. 밝은 웃음을 띠며 수고 많았다고 어깨까지 토닥토닥 다독였다. 씁쓸했다.

노동조합은 2011년 이후 삼부토건이 4년의 자율협약 기간을 겪는 동안 30여 차례에 걸쳐 매번 조 회장을 임금체불 혐의로 노동청에 고발하기도 했다. 이는 장기 체불과 하도급대금 미지급에 따른 당사자 가족들의 고통을 넘어, 신속한 구조조정을 통해 당시의 불법적이고 무능한 경영권을 조속히 박탈하고 회사의 다양한 이해관계인들의 피해를 최대한 줄이고자 하는 취지에서 이루어진 것이었다. 그런데 이러한 노동조합의 노력에도 서울중앙지검은 서울지방노동청에 노조의 서너 번의 고발을 한 건으로 묶어서 검찰로 송치하도록 했다.

당시 서울중앙지검 담당 검사의 고발인 조사 또한 매우 형식적인 조사에 그치는 느낌이었다. 모두 합해 서너 번 정도밖에 고발인 조사를 받지 않았지만, 나는 매번 왜 조 회장이 처벌받아야 하는지 입에 거품을 물고 정성을 다해 검사에게 설명했다. 그러나 조 회장은 임금체불 건으로는 한 번도 기소되지 않았다. 서울중앙지검의 검사들은 고발된 체불 임금들이 6개월 후에 지급되기를 기다려 매번 기소유예로 사건을 종결시켰다. 서울중앙지검의 조 회장에 대한 혜량(惠諒)하심은 지극해 보였다.

2장

라마다르네상스호텔

라마다르네상스호텔의 설립과 운영

삼부토건은 1981년 도시계획상 상업지역 주차장 정비 및 미관지구로 지정되어 있던 서울 강남구 역삼동 676번지 일원의 부지 5,593평을 한국토지개발공사로부터 구입해 1984년에 서울시로부터 호텔건설 사업계획을 승인받아 1988년에 르네상스호텔과 업무용 빌딩을 준공했다. 미국의 호텔 전문 그룹인 '라마다 퍼시픽'과 10년간 호텔 위탁 계약을 체결했기 때문에 1988년 이후부터 1990년대 말까지 호텔의 정식명칭은 '라마다르네상스호텔'이었고, 위탁 계약을 해지한 2000년부터 2016년 초까지는 서울르네상스호텔로 상호를 변경하여 운영했다. 총 501실의 특급호텔인 라마다르네상스는 개관 후 88올림픽 특

강남구 역삼동 라마다르네상스호텔 전경

서울르네상스호텔 23층 호라이즌클럽의 회원 카드

수로 그 기간동안 객실 이용률이 93.2%에 이른 것에 힘입어 첫 6개월간 평균 객실 이용률이 66%에 달해 약 20여억 원의 흑자를 냈다. 그리고 호텔의 운영회사인 남우관광의 대표이사 사장은 1999년까지는 동생인 조남원 삼부토건 부회장이었으나, 2000년부터 그 대표이사는 조남욱 삼부토건 회장이 맡았다. 그는 일반적으로 오전에는 퇴계로에 있는 삼부토건 본사 집무실에 근무했으며, 점심 이후에는 르네상스호텔로 이동해 대부분 시간을 보냈다.

호텔은 지하 1층에서 23층까지 객실과 영업장이 있었는데, 지하 1층에는 '볼케노'라는 호텔 나이트클럽과 '토스카나'라는 이태리 식당, 로비층에는 '사비루'라는 한식당, '엘리제'라는 카페, '노블리스'라는 레스토랑, '이로도리'라는 일식당, 1층에는 트레비 라운지, 3층에는 '다이아몬드 볼룸'이라는 대연회장, 4층에는 '가빈'이라는 중식당, 5개의 소연회장(루비, 사파이어, 제이드, 토파즈, 오팔), 21층에는 클럽 라운지, 23층은 투숙객과 특별회원만 출입 가능한 스카이 라운지 바와 호라이즌클럽[*]이 있었다. 그리고 언론에서 자주 거론되었던 조남욱 회장의 개인 집무실은 6층에 있었는데, 그 구조는 집무실, 응접실, 서재, 침실 등으로 별도의 공간으로 구성되어 있었으며, 승강기가 서지 않아 일반 직원들이 쉽게 접근할 수 없는 그런 특별한 층의 공간이었다. 삼부토건 비서실 문건으로 미루어 보면 호텔 내 나이트클럽 볼케노의 사장 손모씨와 볼케노를 관리했던 호텔의 재

서울르네상스호텔 23층 〈호라이즌클럽의 스카이 라운지 바〉

*

호라이즌클럽은 바와 레스토랑, 그리고 6개의 소연회실이
있었고, 소연회실은 Orchid, Lily, Rose, Lotus, Tulip,
Azalea 등으로 칭했다.

무이사 손모씨도 조 회장과 빈번히 연락을 주고받았던 것으로 보이며, 그 당시 호텔에서 근무했던 음향담당 직원은 조남욱 회장은 이 호텔나이트클럽에서 사교댄스같은 춤들을 상당히 즐기는 편이었다고 증언해 주었다.

조남욱 회장은 삼부토건 비서실에 남아있었던 그의 일정표와 기타 문서* 등에 따르면 그의 측근을 비롯한 많은 정관계 인사, 언론인, 검사들과 함께 클럽라운지가 있는 호텔 21층과 호라이즌클럽이 있는 23층 등에서 자주 식사와 만찬을 가졌는데, 이는 단순한 식사와 사교적 자리가 아니라 그 자신이 전직 국회의원, 경총 부회장, 전경련 상임이사, 한국자유총연맹 부총재, 삼부토건 대표이사 등의 정치·사회·경제단체의 고위직 임원이나 건설사 총수로서 그 소속 단체의 보수적 이념확장을 위한 사업이나 장래의 경영상 위기, 법적 책임을 피할 수 있는 작업을 위해 행해진 일종의 로비이자 접대 성격의 만남이었다.

*
비서실의 조남욱 일정표와 문서들은 1996년부터 2012년까지의 것들이 남아있었고, 명절 선물 명단은 2001년부터 2015년까지의 기록들이었다.

호텔에 등장하는 회장의 최측근

르네상스호텔에서 조남욱과 함께했던 최측근 인사는 누구보다도 땡중 심무정, 김명신, 양재택 검사였다. 심무정은 앞서 언급했고, 김명신은 비서실 문서에는 2000년대 초반부터 등장하는데 그 명칭이 김명신, 김명신 교수, 김교수, 김작가 등으로 기록되어 있다. '쥴리 의혹'을 제기했던 전 한국초등학교태권도연맹 회장 안해욱씨의 증언에 따르면 1997년 5월 7일에 르네상스호텔에서 김명신과 조남욱을 목격했다고 하고 있다. 조남욱 일정표상 위 해당일은 조남욱이 충청 출신의 검사장과의 만찬이 예정되어 있었으나 연기되었다고 표시되어 있다. 2008년 10월 이후에 개명했다는 김건희란 이름은 비서실 문서에는 나타나지

73

않는다. 조남욱의 명절선물 명단에서 조금 특이한 점은 김명신에 대한 선물이 2008년 추석까지만 명단에 등장하고 그 이후에는 나타나지 않는다는 것이다. 2009년부터는 직접 호텔로 전달했든지 아니면 다른 어떤 이유에서 보낼 필요성이 없어진 것으로 보인다.

당시 호텔 23층 '호라이즌클럽' 지배인이었던 K씨의 증언에 의하면 2000년경부터 조남욱 회장은 호텔로 출근하게 되면 항상 자신에게 "김교수 출근했어?"라고 물어보았다고 하니, 종업원들은 김명신을 조남욱의 호텔에서의 일정을 보좌하는 일종의 개인비서로 여길 정도였다. 조남욱의 명절 선물명단에 있는 선물들은 대부분 회사에서 택배를 통해 보내졌으나, 김명신 교수에 대한 선물은 '호텔에 갖다놓기'로 기록된 것이 있어 이로 미루어 보면 김명신이 르네상스호텔에서 많은 시간을 보냈다는 것은 사실에 가까운 것으로 보인다.*

이외에도 비서실 일정표와 문서에 의하면 김명신은 모친 최은순과 함께 일요일에 조남욱과 호텔 중식당 가빈에서 점심 식사를 하고도 했다. 그런데 이날은 2004년 2월 초경으로 그 무렵은 모친 최은순씨가 정대택씨와 소송을 진행 중이었다. 그 소송은 최은순이 2003년경에 동업자 정대택씨와 이익금 50억원을 나누는 과정에서 여러 다툼이 발생하자, 삼부토건 조남욱의 법률고문이었던 전 대검 중수부장 안강민을 소송대리인으로 선임하여 정대택씨를 형사 고소한 사건이었다(서울동부지검

서울지방검찰청 검사 양재택(1990년대)

양검사 만찬(유럽), 휴대용 일정표(1999. 5. 13.)

*

조남욱의 명절선물은 갈비, 정육, 굴비, 과일, 김 등 대체적으로
다섯 단계로 나눠지는데, 갈비와 정육은 노태우, 김종필 같은
인사나 최고위층 검사들에게 보내졌고, 과일 같은 품목은
특별히 아끼는 측근들이나 상당한 지위가 있는 지인들에게
보내졌다.

2003형제68667 참조). 김명신은 또한 어떤 날은 Mrs. Cha와 함께 조남욱을 만났고, 또 어떤 날은 백상재단 이사장인 이모씨와 함께 아크로비스타에서 조남욱을 특별히 만나기도 했다. 이날은 2005년 9월 중순경인데, 당시 이사장 이모씨는 백상재단 횡령금 사건으로 피소되어 형사재판 중이었다.

당시 최측근 3인방 중 양재택은 정말 이상한 검사로밖에 보이지 않았다. 그는 1994년부터 2007년까지 서울지검 검사, 법무부 공보관, 수원지검 특수부장, 대검 범죄정보 담당관, 서울지검 총무부장, 대전지검 차장검사, 남부지검 차장검사 등을 거치는 동안 박봉으로 잠을 청할 집조차 구하지 못해서 그랬는지 르네상스호텔을 제집 드나들 듯하며 조남욱과 일정을 함께했다. 삼부토건 비서실 문서에 1995년부터 등장하는 그는 조남욱 일정표에 가장 많이 기재되어 있는 검사로서 만찬, 골프회동, 숙박 등의 일정뿐만 아니라 휴가, 해외 출국과 입국 사실까지 자세히 기재되어 있었다. 양재택이 호텔에서 조남욱과 함께 식사나 만찬을 즐기거나 골프회동을 함께한 사람들은 심무정, 최은순*과 같은 최측근 인사들도 있었지만, 조남욱은 그를 통해 많은 현직 검찰 고위 인사들을 초대해 호텔에서 만난 것으로 보이며, 이를 통해 검찰 내부의 다양한 정보들을 수집하고 사건 관련 로비에 활용했을 것으로 여겨진다.**

양재택은 1958년 경북 김천 출신으로 대전고와 서울대 법대를 졸업하고 1982년에 사법고시에 합격해 사법연수원 14기로 검사에 임용되었다. 그는 1999년 법무부 공보관으로 있으면서 경찰의 수사권 조정요청에 대해 다음과 같은 식으로 검찰의 입장을 대변했다. "검사의 수사지휘권 배제, 경찰의 사건종결권, 영장직접청구권 등 경찰이 요구하는 수사권 독립이 이뤄지면 국가소추기관으로 설치한 검찰제도를 부정함으로써 우리나라 형사소송구조의 근간이 붕괴되는 결과가 초래된다. 국민의 인권보장을 위해 경찰측이 불법수사, 증거채택거부 등을 감시, 시정하는 유일한 견제장치인 검사 수사지휘권이 폐지되면 국민들의 인권상황은 현저히 약화될 것이며, 경찰의 자질향상과 관련없이 경찰의 수사권 독립은 수용할 수 없는 일이다." 양재택은 2003년 1월 노무현 정부 인수위로 파견발령을 받았다가 취

*

정대택 씨의 주장에 의하면 양재택은 현직 검사의 지위에 있는 동안 김명신과 매우 특별한 관계를 유지하면서 자신과 최은순과의 분쟁 사건에 개입하여 많은 피해를 입혔다고 한다.

**

현직 검사로서 르네상스호텔에서 조남욱과의 각별한 만찬을 빈번히 즐긴 자는 양재택과 윤석열이었다. 조남욱의 사촌 매제였던 정진규는 서울지검 공안부장, 울산지검장, 대검 기획조정부장, 인천지검장, 법원연수원장을 지내고 2005년 2월에는 청와대 인사추천위에서 김종빈과 함께 검찰총장 후보로 추천된 인물이었지만, 그가 현직에 있을 당시 조남욱과의 호텔 만찬은 그들만큼 빈번해 보이지는 않았다.

소되는 우여곡절을 겪기도 했으며, 2008년 5월 차장검사를 마지막으로 현직을 떠난 이후에는 서울르네상스호텔 건너편에서 법무법인 산경을 개업하면서 그곳의 대표변호사로 서울르네상스호텔 측과 법률고문 계약을 맺고 조남욱과의 관계를 지속해 나갔다.

호텔 만찬에 초대된 검찰 인사들

조남욱 일정표 상의 만찬이나 골프장에 초대된 현직 검사들은 성명 전체가 표기된 경우도 있지만 대개의 경우 성씨만 표기되어 있다. 다른 계통의 사람들과는 달리 검찰 인사를 양검, 홍검, 윤검과 같은 식으로만 표기한 이유를 미루어 짐작하면 뭔가 떳떳하지 못한 특별한 만남이나 관계가 있었던 것으로 생각된다. 연도별로 검찰계 인사들에 대한 표기를 살펴보면 1996~2000년까지는 양검사, 홍검사, 尹, 홍·尹, 정진규·최환, 이건개, 김진환·유창종, 김진환검사·양검사, 만찬(검찰), 만찬(沈·李·尹氏), 만찬(검사들) 등이고, 2001년~2007년까지는 양재택검사(만찬), 검사장 만찬, 봉청장·양부장,* 신건(국정원 만찬),** 봉청장·양부장 만찬(보현재), 검사장 만찬, 검찰청 송년회(22층), 만찬 – 김총장,*** 양부장·강철규 공정거래위원장, 김각영 고문 등 만찬(23층), 양재택 차장검사 외 6명(호텔 23층), 김각영·서영제외 13명(만찬), 尹·黃,**** 오찬(이건개 변호사외 10인), 만찬(양부장, 최회장)***** 등으로 등장하고 있고, 2008~2012년까지는 남검사장,****** 양변호사, 김각영, 만찬(법률고문), 윤부장, 만찬(남,윤,황,김,이), 최회장·윤검, 윤검사·황사장, 정상명 변호사 등이 등장한다. 그리고 일정표에 기재된 것이 비록 성

*

봉청장은 봉욱 청주지검 제천지청장을, 양부장은 양재택 부장검사를 의미한다.

**

1941년생으로 서울법대를 나온 신건은 대검 중수부장 출신으로 2001년에 국정원장이 되었다. 앞에 서술했던 것처럼 삼부토건은 1980년대 초반 사회적으로 큰 물의를 일으킨 '이철희·장영자 어음사기 사건'에 연루된 의혹이 있었는데, 신건은 1982년 당시 대검 중수부 제4과장 겸 서울지검 부장검사로서 이 사건을 담당했다.

***

김각영 전 검찰총장을 의미한다.

****

윤은 윤석열 검사를 의미하며, 황은 그의 오랜 후원자인 황하영 동부전설 사장이다.

만 표기되어 있었다 하더라도 조회장의 비서실 문서에는 일정
표 이외에도 명절선물 명단이나 메모장 등에 성명 전체가 모두
기록되어 있었고 '양검'이나 '윤검' 등은 모두 일정한 일행들과
함께 연속적으로 만찬이나 골프 모임에 참여했기 때문에 이들
이 정확히 어떤 사람을 의미하는지는 어렵지 않게 특정할 수 있
었다.

*****

양부장은 양재택 부장검사, 최 회장은 당시 미시령휴게소를
운영했던 김명신의 모친 최은순씨를 의미한다.

******

남기춘 검사장을 의미하며, 그는 서울법대 79학번으로
윤석열과 동기이며 단짝이었다고 알려져 있다. 그는 2013년
12월 법무부 검찰징계위원회에서 윤석열이 상부지시
위반으로 정직 1개월 결정을 받을 때 '윤검'의 변호인으로도
활동했다. 그가 조남욱 비서실 문건에 처음 등장하는 시기는
2007년 서울북부지검 차장검사로 있을 때였고, 모르는
전화번호가 걸려오면 무척 싫어했던 모양이다.

양 대전청 차장 만찬(2005. 5. 8. 휴대용 일정표)

양검 만찬(23층 SRH) (2005. 8. 13. 휴대용 일정표)

양차장 만찬(23층)(2005. 8. 28. 휴대용 일정표)

양부장·최회장 만찬(2007. 3. 23. 휴대용 일정표)

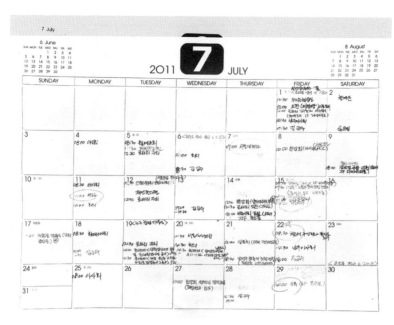

조남욱 회장의 달력 일정표

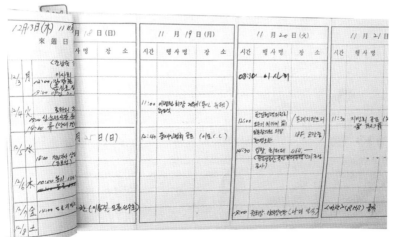

조남욱 회장의 휴대용 일정표

검사장급 이상 법무부 검찰간부 명단

직책	이름	사시	출신 지역	출신 고교
법무부장관	宋正鎬	6	전북 익산	남성고 고려대
검찰총장	李明載	11	경북 영주	검북고 서울대
대검차장	金㤠主	12	전남 광양	순천매산고 서울대
법무부차관	韓富煥	12	서울	경기고 서울대
법무연수원장	金鶴在	13	전남 해남	목포고 서울대
고검장 서울	李鍾墏	12	경남 고성	삼천포일고 고려대
대전	明魯昇	13	서울	경기고 서울대
대구	宋光洙	13	경남 마산	서울고 서울대
부산	金珏永	12	충남 보령	대전고 고려대
광주	金大雄	13	전남 나주	광주일고 서울대
지검장 서울	李範觀	14	경기 여주	서울사대부고 연세대
인천	鄭鎭圭	15	서울	경기고 서울대
수원	金圭晃	15	전남 함평	목포고 성균관대
춘천	金成浩	16	경남 남해	부산브니엘고 고려대
대전	黃善泰	15	경남 고성	부산고 서울대
청주	徐永濟	16	충남 서천	대전고 성균관대
대구	金永珍	14	부산	부산고 서울대
부산	鄭琫原	14	부산	진주사범 성균관대
울산	金在琪	16	경북 달성	서울고 서울대
창원	蔡喬哲	15	진북 진안	전주고 서울대
광주	林潤烈	15	광주	경기고 서울대
전주	林來玄	16	광주	경기고 서울대
제주	金鎭寬	16	전북 익산	남성고 서울대
법무부 기획관리실장	鄭相明	17	경북 의성	경북고 서울대
법무실장	張崙碩	14	경북 영주	경북고 서울대
검찰국장	金振煥	14	충남 부여	경기고 서울대
보호국장	韓圭政	15	광주	광주고 서울대
사법연수원부원장	洪錫鎣	18	서울	경기고 서울대
법무연수원기획부장	柳昌宗	14	충남 논산	대전고 서울대
대검 기획조정부장	李建伯	17	울산	부산고 서울대
중수부장	金鍾彬	15	전남 여수	여수고 고려대
형사부장	金源治*	13	제주	제주오현고 서울대
강력부장	鄭鎭秀	13	전남 장흥	목포고 고려대
마약부장	郭永哲	15	경남 남해	동래고 서울대
공안부장	李範洙	15	충남 서산	성동고 고려대
공판송무부장	尹鍾南	16	충남 천안	고졸검정 연세대
감찰부장	朴泰淳	16	서울	경북고 서울대
고검차장 서울	金相喜	16	경남 산청	경북고 서울대
대전	洪景植	18	경남 마산	경북고 동국대
대구	金熙玉	18	경북 청도	경북고 동국대
부산	任永寬	17	서울	경기고 서울대
광주	李熙晊*	17	전남 목포	경기고 서울대

▶표시는 유임

검사장급 이상 검찰간부 명단(비서실 수첩)

보수 언론계 인사들과
충청권 주요 인물

조남욱 회장은 검찰 쪽 인사뿐만 아니라 언론계 인사에 대한 관리도 매우 철저히 하면서 자신이나 삼부토건 또는 호텔의 위법행위에 대한 보도를 통제해 왔던 것으로 보이며, 그들 언론계 수장들의 형사사건에도 상당한 관심을 보였던 것으로 판단된다. 호텔 만찬이나 골프장에 수차례에 걸쳐 초대된 언론인들은 홍두표, 오명(육사 18기, 동아일보 사장 역임), 정구종(동아일보 편집국장, 이사, 동아닷컴 사장 역임), 김장환, 방회장, 임종건(서울경제신문 사장을 역임) 등이 있으며, 이들 중 가장 각별하고 빈번히 만찬에 초대되었던 인물은 홍두표와 김장환 목사였다. 1935년생인 홍두표는 동양방송, 한국방송광고공사, 중앙일보, KBS에서 1998년까지 사장으로 재직했으며, 2011년부터 2년간은 JTBC 회장을, 2017년 이후에는 TV조선 회장을 맡고 있다. 홍두표는 1996년 KBS 사장으로 재임 시에 신동아건설의 최순영 회장으로부터 거액의 뇌물을 받은 혐의로 1999년 5월 구속되어 1심에서 징역 3년의 실형을 받았으나, 2심에서 징역 3년, 집행유예 5년을 선고받고 풀려났다.

　　1934년생인 김장환 목사는 극동방송 이사장으로 보수 기독교계의 거물로 극우적 정치목사라는 비판이 끊이지 않았다. 현대사를 연구하는 학자 중에는 유신체제가 한국의 기독교를 더욱 보수화시킨 것으로 보는 견해들이 많은데, 그러한 계기가 된 결정적인 사건으로 보는 것이 1973년에 여의도 5·16 광장에서 열린 '빌리 그레이엄'의 대규모 전도 집회이다. 당시 박정희 대통령이 허가한 이 대규모 집회는 100만 명에 가까운 신도들이 모이면서 대성공을 거두었으며, 김장환 목사는 이때 빌리 그레이엄 목사의 설교를 통역하면서 보수 기독교계의 핵심 인물로 두각을 나타내기 시작했다.

　　미국의 남침례회 목사였던 빌리 그레이엄은 1950년대 이후 전 세계에 기독교 열풍을 일으킨 인물로 지미 카터와 같은 미국의 대통령들에게도 영적 조언으로 상당한 영향을 끼쳤다고 알려져 있다. 김장환은 박정희의 친위쿠데타를 통한 유신체제와 전두환 군사정권을 옹호했음은 물론 이명박과 박근혜 전 대통령의 재판에 대해서도 '예수의 고난'을 빗대어 옹호하는 발언을 일삼았으며, 조용기 목사 장례식에서 만난 대선 예비후보 윤석열에게는 안수기도를 특별히 해주기도 했고, 2022년 대선 무렵에는 무속 논란을 잠재우기 위해 윤석열의 권유로 김건희가 몇 차례 그를 찾아간 적도 있었다.

이외에 KBS 앵커 출신인 전 국회의원 박성범은 2009년 3월 서울르네상스호텔의 비상임 감사로 임명되어 일정한 보수와 지원을 끝까지 받았다. 조남욱 회장은 또한 그의 일정표로 미루어보면 주요 언론사들의 창립기념행사에도 지대한 관심을 가지고 참석하거나 후원을 해왔던 것으로 보이며, 시사저널과 같은 곳은 그와 재경부여인 모임을 함께했던 동향 후배 심상기 대표가 직접 운영하는 언론사였다.

조남욱 회장은 또한 2004년 2월부터 2015년까지 충청향우회 부총재를 지내면서 이 단체에 대한 적극적인 후원을 아끼지 않았는데, 이는 단순한 후원으로만 끝난 것이 아니라 검찰을 비롯한 권력 기관들의 충청 출신 보수 인사들에 대한 로비 창구로 적극 활용된 것으로 보인다. 조남욱 일정표 만찬에 등장하는 주요 충청 출신은 강철규* 공정거래위원장, 정석모 의원, 이완구 도지사와 같은 비검찰계 인사들이 있었고, 양재택, 윤석열, 김각영 같은 인물들은 검찰 요직을 두루 거쳤던 인물들이었다. 이

*

강철규는 충청 출신의 경제학 박사이다.

중에 특히 정진석 비서실장의 부친인 정석모 의원은 1929년 공주 출신으로 서울법대를 나와 군사정권 치하에서 치안국장, 충남도지사, 내무부 장관을 지내고, 이후에 충남 공주에서 6선의 국회의원까지 역임한 인물로 후배인 조남욱 회장과는 매우 각별한 관계를 유지했던 것으로 보였다. 그래서인지 2011년 1월 5일 그의 아들 정진석 당시 대통령실 정무수석은 충청향우회 신년 행사에서 조남욱 부총재가 '자랑스러운 충청인상'을 수상하게 되자 누구보다도 더 밝은 모습으로 함께 기쁨을 나누며 조회장을 축하해 주었다.

신건, 김장환 Vision Hills 골프장(2003. 5. 24. 휴대용 일정표)

충청향우회 만찬, 서울르네상스호텔 4층 유니버셜룸(2011. 3. 7.)

89

3장

조남욱 부자의
법률고문

법률고문 위촉의 배경

경기고등학교와 서울대 법대를 나와 1963년부터 중앙선거관리위원회에서 박정희 정권의 선거관리를 담당하다 초헌법적인 유신 독재정권이 창출된 직후인 1973년에 홍조근정훈장까지 수여 받은 조남욱은 1976년에 선관위를 떠나 부친의 회사인 삼부토건(주)에 입사한 후, 전무이사와 부사장을 거쳐 1983년에 대표이사 사장으로 취임하며 본격적인 2세 경영시대에 들어갔다. 1991년에는 창업자의 뒤를 이어 삼부토건의 명실상부한 최고경영책임자인 대표이사 회장에 취임했다. 그의 삼부토건 경영의 두드러진 특징은 호텔 만찬식 경영과 함께 검찰의 요직에 있었던 자를 법률고문에 위촉하여 회사의 경영상 위기나 본인 스

1973년에 삼부토건이 준공한 '검찰종합청사'
서울 중구 서소문동 소재

스로의 사법리스크를 해결하려 했다는 것이었고, 노동자들의 노동조건이나 복리후생과 같은 문제에는 극도로 인색해 그 급여 수준은 동종업계 중견기업보다 현저히 떨어졌다.

사실 1993년 이후로 문민정부가 들어선 이후 군사정권이 해체되고 안기부의 역할까지 다소 축소되면서 수사지휘권은 물론 기소독점권까지 소유하고 있는 검찰의 권력은 점점 더 커져만 갔고 언론은 '강골 검사'니, '엘리트 검사'니, '특수통', '공안통', '기획통' 하면서 그들 검찰 권력 시대에 화려한 날개까지 달아주려 부단히도 애를 썼다. 수십 년간 수사지휘권과 기소권을 독점하며 군사정권과 수구기득권 세력의 권력에 야합해 오던 검찰 권력은 김영삼 정부 당시에도 전두환 신군부의 광주학살을 "성공한 쿠테타는 처벌할 수 없다."는 엉터리 논리를 내세워 이를 불기소 처리한 전력이 있었다.

서울대 법대를 나온 조남욱은 이러한 시대적 상황을 직시했던 것으로 보이며, 그동안 힘써온 군사 독재정권에 대한 오래된 사랑과 믿음을 검찰과 검사에 대한 것으로 그 흐름의 방향을 자연스럽게 변화시켰다. 물론 이철희·장영자 어음사기사건이나 비서실의 추문사건, 백제교 담합사건, 노태우 비자금 사건 등의 회사나 본인이 직간접적으로 연루된 형사사건 처리를 통해 검찰에 대한 상시적인 로비 필요성을 저절로 깨닫게 되었을 것으로도 보인다. 삼부토건의 백제교 담합사건은 김영삼 정부에서 고질적인 건설업체들의 담합행위를 본보기로 삼아 처벌한 사건으로 공정거래법 교과서에도 예시로 자주 등장했다. 그러나 그 당시 영업담당 임원에 대한 낮은 수준의 처벌만 이루어졌기 때문에 민주 정부가 들어서기 이전까지는 부정행위가 끊이지 않았고 '적정이윤의 보장'이라는 명분이 관행으로 굳어져 있었다.

그리고 조남욱 회장은 양재택 검사 등 현직 검사를 통한 검찰에 대한 로비활동도 많이 했지만, 그는 대검 중앙수사부나 서울지검장, 검찰총장 같은 검찰 핵심 요직에 있었던 자들을 법률고문으로 위촉하면서 이를 더 가멸차게 추진해 나갔다.

검찰 출신 법률고문

1998년부터 삼부토건의 법률고문으로 위촉된 자들의 프로필과 그들의 주요 이력을 대략 살펴보면, 먼저 1941년생으로 평양에서 태어난 이건개는 경기고, 서울대 법대를 나온 조남욱의 직속 후배이기도 하다. 그는 1963년에 처음으로 실시된 제1회 사법고시에 합격하고, 일본군 소좌 출신인 부친 이용문이 박정희와 친분이 깊었던 관계로 1970년에 대통령비서실 사정담당 비서관을 지내고 1971년에는 30대 초반의 나이로 사상 최연소 서울시경의 국장으로 발탁되었다. 평양 태생인 이용문은 박정희의 일본 육사 7기 선배로서 박정희가 가장 존경하고 따랐던 군대 선배로 알려져 있다. 그는 육사 졸업 후 기병 소위로 임관해

일본군으로 태평양 전쟁에 참전해 소좌(소령)로 진급했으며, 일본 패망 후 베트남, 중국을 거쳐 1947년에 귀국했다. 1948년 11월 육사 7기 특기생으로 들어가 소령으로 다시 임관한 그는 곧 중령으로 승진해 초대 기갑 단장이 되었고, 이후 대령으로 승진한 후 제2대 육본 정보국장에 부임하며 그 정보국에서 민간인 신분으로 근무하던 박정희를 만났다. 그 만남 이후 이용문 준장은 1953년 6월 비행기 추락 사고로 사망하기 이전까지 박정희를 자신의 직속 부하로 발탁하는 등 매우 가깝게 지냈다고 한다.*

그 뒤 이건개는 전두환**과 노태우의 군사정권 하에서 대검 중수1부장, 서울지검 공안부장, 대검 공안부장, 서울중앙지검장을 지내면서 공안정국을 통해 국가보안법 위반으로 많은 수의 사람들을 구속했다. 퇴임 후 그는 1996년 제15대 국회의원 선거에서 자민련 소속으로 당선되면서 국회의원 신분으로 삼부토건과 법률고문 계약을 체결하고 고문료를 지급받았지만, 그가 삼부토건의 법률고문으로 활동한 내역은 전혀 남아 있지 않았다. 2000년대 후반까지 삼부토건에는 법무를 담당하는 직원이 1명 정도 있기는 하였으나 그 직원은 하자 소송과 같은 민사 사건을 주로 처리했을 뿐이지 조남욱이 임명한 법률고문이 누구인지 그가 무슨 일에 관여하고 있는지는 전혀 파악할 수 없었다.*** 이건개는 이후 '국민실향안보당'을 창당하기도 하고 2012년 제18대, 2022년 제20대 대선에 대통령 예비후보로 출마하기도 했으며, 과거 자신이 출세 과도를 달렸던 권위주의 시대로의 회귀를 주장하는 발언을 서슴지 않았다. 특히 제20대 대선에서 그는 "위기 속에 대한민국을 구하고 역사를 전진시킬 수 있는 정당과 대통령 후보는 국민의 힘과 윤석열 후보"라고 윤석열에 대한 지지를 표명하고 예비후보를 사퇴하면서 "〈우리민족끼리〉에 놀아나고 영향을 받아 대한민국 안보수사기관을 약화·폐쇄시킨 대통령도 있다. 그것을 모두 개혁하고 청와대로부터 독립된 정예화된 정보수사기관을 만들어

*

정운현의 역사에세이 52화 〈박근혜 지지한 이건개, 대를 이은 '보은'〉, 2012. 11. 26. 오마이뉴스 기사 참조

**

1979년 10·26 사건 직후 보안사령관 전두환은 합동수사본부장을 맡았고, 당시 서울지검 검사였던 이건개는 청와대에서 전두환과 함께 근무한 인연으로 합수본에 파견되어 김재규 등에 대한 수사를 지휘했다.

***

조남욱 회장이 임명한 검찰 출신 인사와의 고문계약과 고문료 지급에 관한 업무는 총무부에서 처리되었으며, 그 비상임 법률고문들은 사실상 조남욱의 개인적인 형사사건 법률고문으로 은밀히 활동했던 것으로 판단된다.

미래를 위한 개혁에 앞장서야 할 것"이라고 호소했다. 국내에 고정간첩이 12만 명에 이른다고 주장했던 이건개는 윤석열 정권에서 국가정보원장이 되기를 바랐던 모양이다.

1941년생인 안강민 역시 경기고와 서울대 법대를 나오고 1967년에 검사에 임용되었다. 그는 군사정권 하에서 서울지검 특수부를 거쳐 김영삼 정부에서 대검 공안부장, 대검 중수부장, 서울지검장을 역임했다. 대검 중수부장으로 있었던 1995년 말에는 노태우 비자금 사건 수사를 총괄했는데 그 당시 그는 전직 대통령과 이건희 등 재벌총수 7명을 법정에 세우면서 언론의 많은 관심을 받았다. 1999년 6월 그는 "바람 부는 대로, 물 흐르는 대로 가야지"라고 하면서 검찰을 떠났다고 전해지는데, 그가 며칠 지나지 않아 변호사 사무실을 개업하면서 법률고문 계약을 체결한 곳은 조남욱의 삼부토건이었다.

2011년 8월 15일 자 일요신문 보도에 따르면, 노태우의 비자금을 관리했던 이현우 전 경호실장의 검찰 진술 요지에는 노 대통령의 재임기간 중 삼부토건은 약 150억 원 정도의 정치자금을 제공한 기업으로 기억된다고 전하고 있다. 또 앞서 언급한 바와 같이 2003년 김명신의 모친인 최은순은 정대택 씨와의 소송 과정에서 조남욱의 법률고문인 안강민을 대리인으로 선임하여 정 씨를 고소하기도 했다. 안강민은 이러한 화려한 과거 경력에도 불구하고 조남욱으로부터 2004년까지 제일 아래 등급인 '김'을 명절선물로 받아왔던 것으로 미루어 보면, 그

표1 검찰 출신 삼부토건 그룹 법률고문

순번	성명	전직 검찰 직위	고문 계약기간	고문료
1	이건개	전 대검 공안부장 전 서울중앙지검장	1998. 12~2001. 3 2010. 8~2012. 11	월 100만 원 월 30만 원
2	안강민	전 대검 중앙수사부장 전 서울지검장	1999. 7~2003.	월 150만 원
3	이범래	전 서울중앙지검 검사	2001. 7~2015. 8	월 100~200만 원
4	김각영	전 서울지검장 전 검찰총장	2003. 5~2015. 8	월 250만 원
5	정진규	전 대검 기획조정부장 전 서울고검장	2005. 5~2012. 11	월 250만 원 (삼부 200만 원, 남우관광 50만 원)
6	양재택	전 서울남부지검 차장검사	2009. 1~2012. 8	월 200만 원
7	김종건	전 수원지검장 전 법무부 차관 전 법제처장	2010.12~2011.12	월 1,000만 원
8	정상명	전 법무부 차관 전 검찰총장	2011. 10~2012. 2	1억 5천만 원 (자문료)
9	최교일	전 서울중앙지검장	2013. 7~2016. 1	월 200~500만 원
10	박영수	전 대검 중수부장 전 서울고검장	2015. 7~2016. 6	월 300만 원

가 검찰을 떠난 후로는 조남욱 스스로에게만은 그렇게 특별한 역할을 해준 것으로 보이지는 않았다. '김' 선물은 앞서 언급한 이건개도 마찬가지였다.

　1959년생으로 서울대 법대를 나온 이범래는 서울지검 검사로 일찍 검찰을 떠났지만, 그의 장인인 이충환이 삼부토건과 오랫동안 관계를 맺어 왔기에 2001년에 전격 법률고문으로 위촉된 것으로 보인다. 1917년생으로 충청 출신인 이충환은 1941년

만주국 고등관 고시와 일본 고등 문관시험 행정과에 합격해 변호사 자격을 취득한 후 1950년 제2대 국회의원선거부터 1978년 제10대 선거까지 총 6번에 걸쳐 무소속, 자유당, 민주당, 민정당, 신민당 국회의원으로 당선되었다. 그는 전두환 신군부에 의해 정치 규제를 당했다가 1984년에 해금되었지만, 그 후에는 정계를 은퇴하고 변호사 업무에만 전념하며 1982년부터 2003년까지 삼부토건의 비상임 법률고문으로 있었다.* 이범래의 삼부토건 법률고문 계약은 2015년 8월까지 지속되었으며, 그동안 그는 2008년에 제18대 국회의원선거에서 한나라당 서울 구로갑 의원으로 당선되었고, 2011년에는 한나라당 홍준표 대표의 비서실장을 맡았다. 이후 제20대 대선에서는 윤석열 캠프에 합류하여 조직지원본부 부본부장을 맡아 2023년에 한국토지주택공사 상임이사가 되었다.

1943년생으로 충남 보령 출신인 김각영은 대전고와 고대 법대를 나오고 노태우 정권에서 수원지검 특수부장, 서울지검 동부지청 특수부장을 지냈으며, 김대중 정부에서는 1999년 대검 공안부장, 2000년 서울지검 검사장, 2002년 초에 법무부 차관, 2002년 11월에 검찰총장이 되었다. 그러나 2003년 2월 25일 출범한 노무현 정부는 3월 9일에 대통령이 검찰개혁 추진을 위해 평검사들과 '검사와의 대화'를 추진하였는데, 여기서 토론에 참여한 이완규 등의 평검사들은 대통령에 대한 조롱성 발언과 함께 검찰총장에게 인사권을 이양할 것까지 요구하

조남욱 명함첩
(2000. 7. 서울지방검찰청장 검사장 김각영)

는 '검찰의 조직적인 항명 사건'이 일어났다. 이 때문에 노무현
으로부터 잔여 임기를 보장받았던 김각영은 취임한 지 5개월
만에 검찰총장직을 사임했다. 사임 발표 기자회견에서 그는 다
음과 같이 말했다.

"나를 비롯한 검찰 수뇌부가 새 정부로부터 불신을 받고 있
을 뿐 아니라 인사권을 통하여 검찰권을 통제하겠다는 새 정부
의 의사가 확인됐다. 부적절한 사람으로 지목된 이상 검찰을 이

*

1917년생인 이충환 변호사는 1916년생인 삼부토건 창업자
조정구 회장과 가까웠을 것으로 추정된다. 같은 충청 출신으로
일본 제국주의 시대에 두 사람 모두 공무원으로 근무했다.

끌고 부정부패 척결이라는 본연의 임무를 수행해 가기 어렵다."

김각영은 두 달 뒤에 현직에서도 빈번한 친밀관계를 유지해왔던 조남욱과 삼부토건 법률고문 계약을 체결하고 2015년 8월까지 충실히 가까이에서 그를 보좌했다. 법무 업무를 담당했던 나의 직장 상사는 그를 조남욱 회장의 완전한 하수인이었다고 기억했다. 조남욱은 김각영에게 명절선물로 2012년 설까지 최고등급인 정육(5kg)이나 갈비(5kg)를 보냈지만, 2012년 추석부터는 메론을 주로 보냈다. 김각영은 2010년부터 하나금융지주 이사회 의장을 지내고, 2016년에는 하나고등학교 이사장으로 취임했다. 조 회장은 2004년 10월에 서울르네상스호텔 개보수공사를 완료하고 호텔에서 재개관 행사를 호화롭게 진행했는데, 김각영은 자신이 자주 이용했던 호텔의 재개관이라 그랬는지 그 행사장에서 조 회장과 함께 상당히 즐거워하는 모습을 보여주었다. 윤석열 정부의 두 번째 검찰총장인 심우정*은 김각영에 이은 두 번째 충청 출신 검찰총장으로 보도되었다.

1946년생으로 서울 출신인 정진규는 조남욱의 사촌 매제로 알려져 있었다. 그는 경기고등학교, 서울대 법대를 나와 검사로 임용된 후 공안통으로 활동하며 2000년에 전주지방검찰청 검사장이 되었다. 이후 그는 김대중, 노무현 정부를 거치면서 대검 기획조정부장, 인천지검장, 서울고검장, 법원연수원장으로 승진했고 2005년 2월에는 청와대 인사추천위에서 김종빈 서울고검장과 함께 검찰총장 후보로 추천되기도 하였다. 그

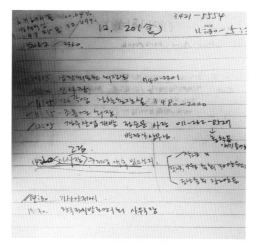

김각영 검찰총장실 전화부탁 메모
(비서실 전화메모 노트 2002. 12. 20.)

는 현직 고위직 검사로 재직하면서 동료 검사와 함께 조남욱의 르네상스호텔 만찬에 초대되었고 2005년 퇴임 이후에 법무법인 대류의 공동 대표변호사로 취임한 뒤 삼부토건과 월 200만원, 르네상스호텔(남우관광)과 월 50만 원의 법률고문 계약을 체결하였다. 그는 삼부토건 경영권 분쟁 문제가 불거진 이후에 후계자 조시연으로부터 작은 아버지인 조남원 측 인사로 평가

*

심우정은 충남 공주 출신으로 충남도지사에 3번이나 당선되었던 심대평의 아들이다. 삼부토건의 백제역사 재현단지(백제 왕궁) 건축공사는 심대평 지사와의 협력으로 2010년에 준공되었다.

받아 한동안 그들과의 관계가 소원해졌다고 알려져 있었고, 실제 조시연의 강력한 주장에 따라 2012년 11월에 삼부토건과의 법률고문계약이 해지되었다. 그러나 조시연의 범죄행위가 드러나고 재판 결과 법정구속 된 이후로 조남욱 회장은 다시 정진규 변호사를 소송대리인으로 선임해 형사사건에 대처하기 시작했다.

1935년생인 김종건은 육사를 중퇴하고 고등고시에 합격하여 1963년에 검사로 임용된 후 박정희 정권에서 통혁당 사건을 담당하는 등 공안검사로 악명이 높았다. 1968년 서울지검 공안부 김종건 검사는 반공법 위반으로 삼중화학 대표를 입건하고 '피카소'라는 크레파스 상품 광고를 금지하고 판매 중인 상품에 '피카소'라는 이름을 지우도록 지시했는데, 이는 삼중화학이 크레파스와 포스터칼라 등을 제조·판매하면서 좌익 화가인 '피카소'라는 상표를 붙여 팔았기 때문이었다.* 전두환 군사정권에서도 그는 수원지검장, 법무부 차관, 사회정화위원회 위원장, 대통령 사정 수석비서관을 거쳐 1987년에 법제처장이 되었다. 조남욱은 김종건에게 매년 명절에 최고등급의 선물인 정육을 보내주었고, 2010년대 초반에는 골프와 만찬 모임 등의 빈번한 만남을 가졌으며, 2010년 11월에는 월 1,000만 원의 법률고문료를 지급하는 계약을 체결하여 2011년 12월까지 총 1억 2천만 원을 지급했다. 김종건은 조남욱 일정표에 등장하는 검찰 출신 인사 중 가장 나이가 많은 최고령 인물이었다.

1950년 경북 의성 출신으로 서울대 법대를 나온 정상명은 서울지검 검사로 재직할 시 삼부토건 자금부장이 연루된 '이철희-장영자 어음사기사건' 수사에 참여했으며, 1999년에 서울지검 차장검사를 지내고 2000년에는 서울지검 동부지청장을 지냈으며, 노무현 정부가 들어서자 법무부 차관이 되었다.** 그리고 2005년 10월 당시 김종빈 검찰총장이 천정배 법무부 장관의 수사 지휘권 행사에 반발하여 사퇴하게 되자 그는 곧바로 노무현 정부의 두 번째 검찰총장으로 임명되었다.

정상명은 검찰총장 인사청문회 당시 아내와 20년 넘게 주소가 달라 위장전입 의혹을 받게 되자, 아내와 결혼 당시 무속인으로부터 아내의 주소지를 옮기면 처가에 화가 온다는 말을 들어 주소를 옮기지 못했다고 해명했다. 그는 2007년 변양균 전 청와대 정책실장의 '신정아 비호 의혹' 수사에 당시 수사팀의 수사 태도가 소극적이라고 판단하고 대검 연구관으로 있었던

1969. 6. 9. 경향신문 기사 참조

*

1969. 6. 9. 경향신문 기사 참조

**

그는 노무현과 같이 사법연수원 7기로 노 대통령의 사법연수원 동기 모임인 8인회 중의 한 사람으로 알려져 있다. 두 사람은 연수원 당시 강의실 앞쪽에 같이 앉아 수업을 들으면서 밥도 함께 먹고 당구도 치면서 서로 친해졌다고 한다.

3장 조남욱 부자의 법률고문

윤석열을 수사팀에 파견할 정도로 그를 무척 아껴주었고, 그 때문인지 윤석열은 2012년 3월 대검 별관 4층에서 정상명 전 검찰총장을 주례로 모셔와 김건희와의 아주 특별한 결혼식을 치르게 되었다.

정상명은 2011년 12월 6일 삼부토건에 대한 서울지검 특수2부 수사가 시작된 후 두 달이 경과한 시점에 조남욱의 지시로 특별히 착수금 5,000만 원, 성공보수 1억 원의 조건으로 삼부토건과 법률자문 계약을 체결했다. 자문계약서에 '계약기간 2011. 10. 12~검찰단계 종료시까지'로 표시되어 있어 실제 그가 해당 사건을 무마하기 위해 상당한 노력을 기울였던 것으로 보이고, 그 결과 그는 2012년 2월 24일에 성공보수 1억 원을 삼부토건으로부터 받았다. 당시 '태산명동서일필' 식으로 흐지부지 마무리되었던 서울중앙지검 특수2부의 삼부토건 수사는 뒤에서 자세히 상술할 예정이다.

지난 2022년에 치러진 20대 대선에서는 정상명의 사위 김용식은 선관위에 신고되지 않은 '강남 대선캠프'에서 윤석열의 대선 활동을 지원하면서 1,000만 원을 후원했다고 하며, 대통령 취임 이후에는 대통령 비서실에 합류한 것으로 보도되었다.* 정상명은 윤석열 정권에서 2024년 7월 검찰총장 후보 추천위원회에서 위원장으로도 활동했으며, 윤석열 대통령이 최근 계엄령으로 인한 헌법위반으로 헌법재판소에 탄핵소추를 당하게 되자 윤석열의 탄핵 심판 대리인단으로 합류했다.

1962년 영주에서 태어나 고려대 법대를 나온 최교일은 1997년 대검 연구관, 2005년 대검 과학수사기획관, 2007년 수원지검 1차장을 지내고, 이명박 정부가 들어서자 검찰의 핵심 라인이었던 대구·경북, 고려대 라인의 대표 주자로 부상해 서울중앙지검 제1차장검사, 법무부 검찰국장 등을 거쳐 2011년 8월부터 2013년 4월까지 서울중앙지검장으로 활동했다. 삼부토건에 대한 서울중앙지검 특수2부의 수사는 최교일이 지검장으로 있을 당시에 진행되었으며, 최교일은 퇴임 후 두 달이 지난 시점에 삼부토건과 법률고문 계약을 체결하여 2013년 9월까지는 월 200만 원, 2013년 10월부터 2016년 1월까지는 월 500만 원의 고문료를 지급받았다.** 이 당시 고문료는 차남 조시연이 유러피안리조트 사업을 추진하는 과정에서 '배임수죄' 혐의로 2013년 9월 수원지검으로부터 압수수색 당하고 11월에 기소되어 재판받기 시작했기 때문에 그에 대한 자문의 대가로 지급된 것이었다. 당시 실제 피의자 조시연의 법률상 대리인은 법무법인 바른과 김앤장이었으나, 삼부토건 기획실장과 법무팀장은

*

2024. 11. 13. 일 자 뉴스토마토 보도

**

실제 고문계약은 삼부토건의 자회사인 삼부건설공업이 체결하고 그곳에서 고문료가 지급되었다.

조 회장의 지시로 최교일 변호사를 방문해 조시연의 유죄 성립 여부에 대한 자문을 받게 된 것이었다. 최교일은 2016년 4월 새누리당 국회의원으로 당선되었으나 해외 연수 중 퇴폐업소 출입 의혹이 보도되기도 하고, 과거 검찰 요직에 있으면서 일으켰던 '성추문 은폐 의혹'이나 '광우병 의혹 보도에 대한 강제 수사 지시 의혹' 등은 많은 논란거리로 회자되고 있다.

1952년 목포 출신으로 서울대 문리대를 나온 박영수는 2000년 대검 공안기획관, 2005년 대검 중수부장을 지내며 박지원 의원의 추천으로 김대중과 노무현 정부에서 성장하고 그들을 위한 변호 활동까지 해왔기 때문인지 2015년 6월까지 '조남욱 리스트'에 한 번도 등장하지 않았다. 그러다가 그는 2015년 7월 갑자기 삼부토건과 월 300만 원의 법률고문 계약을 체결하고 비상임 법률고문으로 위촉되었다. 그러나 안타깝게도 그 당시 박영수의 법률고문 계약은 오래 지속되지 못했다. 2015년 8월 기업회생절차를 신청한 삼부토건은 그해 9월에 법원의 명령으로 그 법률고문 계약을 취소하고 고문료 지급을 정지했기 때문이었다. 당시 법원은 모든 법률고문 계약을 취소한 것이 아니라, 삼부토건이 법률고문 계약을 체결하였지만 조남욱 회장이나 그의 후계자 조시연이 개인 자격으로 이용한다고 판단되는 경우에만 이를 취소하고 고문료 지급을 중단시킨 것으로 여겨진다. 당시 법원이 고문료 지급을 중단한 대상은 박영수, 김각영, 이범래 등의 검찰 출신 고문들이었고, 판사 출신인 여상규, 문강배, 이상민 등 3명의 법률고문은 고문료를 반으로 줄여 지급하도록 했다.

박영수는 윤석열과 특별한 인연이 있는 인물이다. 1997년 강릉지청 검사로 있을 당시부터 오랫동안 술자리를 함께 했던 것으로 알려져 있으며, 뉴스타파는 대장동 사건의 주체인 김만배 씨가 "윤석열 후보가 2011년 대검찰청 중앙수사부에서 부산 저축은행 사건을 수사할 당시 박영수 전 특별검사를 통해 대장동 불법 대출 브로커 조우형 씨에 대한 수사를 무마해줬다."고 주장하는 음성파일을 20대 대선 과정에서 공개했다. 이 뉴스타파 보도로 인해 당시 사실을 폭로한 신학림 전 언론노조위원장과 김만배는 20대 대선에서 윤석열이 당선된 후 명예훼손 혐의로 검찰에 의해 구속기소되었으나, 2024년 11월 20일까지 6차례 공판이 진행되었음에도 불구하고 검찰은 '명예훼손' 혐의를 특정하지 못하고 있고, 구속되었던 두 피고인은 일단 법원의 보석 결정으로 석방되었다. 박영수는 2013년 3월부터 2015년 3월까지 우리은행 이사회 의장과 사외이사까지 지냈다.

박영수는 2016년 11월 '박근혜 정부의 최순실 등 민간인에 의한 국정농단 의혹 사건' 규명을 위한 특별검사로 임명되었고, 그는 윤석열을 특검 수사팀장으로 임명했다. 박영수는 이후 2021년 가짜 수산업자 사기 사건*에 연루되어 특별검사직을 사퇴했으며, 결국에는 대장동 사건의 '50억 원 클럽 의혹'으로 2023년 8월 구속기소되어 재판을 받게 되었다. 이후 검찰은 1심

재판에서 박영수에게 특정경제범죄 가중처벌법 등 위반으로 징역 12년과 벌금 16억 원을 구형했지만, 서울중앙지법 형사합의 33부는 2025년 2월 13일 1심 판결에서 ① 2014~2015년 대장동 민간업자들로부터 200억 원과 단독주택 부지를 약속받고 8억 원을 수수한 혐의에 대해 공소 사실을 인정했지만 공소시효가 만료됐다고 하여 면소 판결을 내렸고, ② 대장동 민간업자로부터 50억 원 지급 약속 및 5억 원 수수 혐의에 대해서도 박 전 특검이 송금받은 5억 원을 즉시 화천대유 계좌로 다시 송금한 점과 박 특검의 딸이 '화천대유'로부터 대여받은 11억 원은 50억 원 지급 약속의 이행으로 보기 어렵다고 판단해 무죄를 선고했으며, ③ 다만, 재판부는 박영수가 대한변협회장 선거 자금 명목으로 3억 원을 수수한 혐의에 대해서만은 유죄로 인정하고 징역 7년, 벌금 5억 원을 선고하면서 법정 구속했다. 박영수는 1심 재판 결과에 불복해 항소했고 현재는 항소심 재판이 진행 중이다.

조남욱의 최측근이었던 양재택 법률고문은 이미 앞장에서 기술하였다.

*

이 사건에서 가짜 수산업자 김모씨로부터 포르쉐 렌터카 등을 제공받은 혐의로 기소된 박영수는 2024년 7월 1심 판결에서 징역 4개월에 집행유예 1년을 선고받고 항소했다.

그 외의 법률고문

1948년생으로 경남 하동 출신인 여상규는 군 제대 후 제1기 '방일영 장학생'에 선발되었으며, 1977년에는 서울대 법대를 수석으로 졸업하고 이후 판사로 임용되었다. 현 조선일보 회장인 방상훈의 부친인 방일영은 1923년생으로 조선일보 제2대 회장을 지내고 2003년 사망했는데, 그는 군사정권 당시 '밤의 황제'로 군림하며 권언유착을 주도했다는 비판을 받아왔다. 여상규는 방일영과의 관계를 오랫동안 지속해 온 것으로 보이며, 그는 1993년 판사직을 사임한 이후에 방일영 회장이 설립한 '방일영 문화재단'에서 이사로 활동했다.

여상규는 1980년대에는 '진도 가족간첩단 사건'의 담당 판

111

사이기도 했는데 그는 1심에서 피고에게 무기징역을 선고한 바가 있었다. 이 사건은 훗날 재심에서 불법 구금과 고문에 의한 조작사건으로 밝혀져 피고에게 무죄가 선고되었으나, 그는 해당 사실을 확인하는 언론과의 인터뷰 과정에서 오만한 입장을 견지하며 피해자에 대한 어떤 미안함도 보이지 않는 태도를 취해 대중으로부터 많은 손가락질을 받았다. 조남욱은 공안판사 출신 여상규와 2003년 11월 처음 삼부토건과 법률고문 계약을 체결하도록 하여 회사와 관련된 대부분의 민사소송 사건을 그가 수행하도록 회사의 법무 담당 직원에게 지시했다. 조남욱 회장이 기업회생절차 진행으로 삼부토건에서 완전히 퇴출된 이후에도 여상규의 삼부토건 법률고문으로서의 지위는 2019년 1월까지 지속되었다.

그는 2008년 4월에 실시된 제18대 국회의원선거에서 친이명박계로 당선되어 처음으로 원내에 진입했고, 당선 직후인 그해 5월에는 장충체육관에서 열린 삼부토건 창립 60주년 체육대회 행사에도 비상임 임원으로 초대되어 조 회장과 함께 무대 연단을 지키며 그들의 친밀함을 보여주었다. 여상규는 이후 2012년 제19대 국회의원선거와 2016년 제20대 국회의원선거에도 당선되어 3선 국회의원이 되었으며, 제20대 국회 후반기에는 국회 법제사법위원회 위원장으로 그의 지지자들을 위해 욕지거리까지 사용하며 맹렬한 활약을 펼쳤다. "듣기 싫으면 귀막아. 웃기고 앉았네. 병신같은 게" 한 민주당 의원과 설전 과정

표2 법원 출신 삼부토건 법률고문

순번	성명	법원 이력	고문 계약기간	고문료
1	여상규	전 서울고등법원 판사 전 국회 법사위원장	2003. 11~2019. 1	월 100~200만 원
2	문강배	전 서울고등법원 판사	2009. 4~2015. 8	월 100만 원
3	이상민	전 서울고등법원 판사	2009. 5~2015. 8	월 100만 원

에서 나온 말이었다.

　　판사 출신인 문강배와 이상민의 삼부토건 법률고문 위촉은 차남 조시연 부사장이 주도한 것으로 판단되었다. 조남욱에서 조시연으로 이어지는 삼부토건 3세 경영을 위한 후계작업은 조시연의 검사들에 대한 술자리 접대로 2000년대 중반부터 시작되었으며, 그때부터 특수부의 고위직 검사로 성장하기 시작한 윤석열은 조시연과 호형호제하는 아주 특별한 술자리 관계를 맺은 것으로 파악되었다. 당시 기획실장으로 있던 조시연은 기획실 산하에 법무팀을 새롭게 신설하고 윤석열의 절친 문강배와 충암고등학교 후배 이상민을 2009년 4월과 5월에 각각 법률고문으로 위촉하고 고문료를 지급하기 시작했다. 윤석열과 서울대학교 79학번 동기이자 친구인 문강배*는 2000년에 법무

*

문강배는 서울대 영어과를 졸업했다.

법인 태평양에 입사하고 2008년에는 BBK특검보로 활약했다.[*]
이후 그는 2017년 박근혜-최순실 국정농단 특검 당시에 피고
인이었던 삼성 이재용의 대리인으로 활동했는데, 그 특검에서
윤석열은 뇌물죄 관련 대기업 수사 부분을 맡은 수사 4팀장이
었다. 윤석열은 1996년 강릉지청 검사로 재직할 당시 강릉지원
판사로 근무하던 문강배와 친해졌다고 하며,[**] 2002년경에 약
1년 3개월간 태평양에서 변호사로 활동한 것은 문강배의 권유
로 이루어진 일이라고 알려져 있다. 법무팀 관계자는 나에게 조
시연은 문강배, 이상중과도 아주 친하게 지내면서 잦은 술자리
를 가졌으며 문강배를 속칭 '깡패'라고 칭했고, 특히 문강배는
나이 많은 법무팀장을 얕잡아보고 함부로 대하는 사람이었다고
말했다. 여기서 등장하는 이상중 변호사 또한 윤석열, 최은순과
도 매우 특별한 관계를 유지했던 인물로 평가된다.

경기고를 나와 1978년 서울대 법대를 졸업한 이상중은 삼
부토건과 법률고문 계약을 체결하지는 않았지만 조시연이 매우
가깝게 지낸 변호사였다. 그는 삼부토건 법무팀으로부터 공식
적으로 '헌인마을사업 PF' 관련 자문을 의뢰받고 2012년 8월에
800만 원의 자문료를 받아 간 사실은 있었지만, 그와 회사와의
거래 내역은 그 한 건에 불과했고 대부분은 조시연의 특별한 고
문변호사 역할을 수행한 것으로 보였다. 삼부토건 법무팀 관계
자는 이상중에 대해 이런 식으로 기억했다.

"조시연이 이상중 변호사를 찾아가 보라고 해서 그에게 법

률자문을 많이 받았다. 법원하고 검찰청 사이에 있는 5층 빌딩***이었는데 거기 있는 변호사였다. 나이가 꽤 많은데, 검찰 출신은 아닌데도 말이 거칠고 고압적인 자였다. 조시연하고 아주 친해서 그에게 말을 놓았고 서초동에서 '마당발'로 통한다고 해서 검사들을 많이 안다는 의미로 이해했다. 하여튼 나를 세워놓고 얘기하는 자였으며 자문 내용은 매우 부실했다."

또 2014년경에 조시연은 회삿돈을 횡령한 사실이 드러나 수원지검 수사를 받고 재판에 넘겨져 징역 2년을 선고받고 법정 구속되는데 이 당시 '옥수발' 조로 차출되어 조시연을 자주 면회했던 한 직원은 "교도소에서 조시연이 적어준 편지나 메모

*

윤석열도 BBK특검의 파견검사로 활동했는데, 당시 정호영 특검팀은 다스 실소유주 및 도곡동 땅 의혹과 BBK 주가조작 의혹에 대해 당선인 이명박을 무혐의로 처리하였다. 그리고 윤석열 파견검사는 이 무혐의 처리 이후 대구지검 특수부장, 대검 범죄정보2 담당관으로 영전하였고, 다른 파견검사인 박정식, 차맹기 등도 대검 중수2과장, 대검 범죄정보기획관실 연구관 등 핵심 요직으로 진출하였다.

**

2023. 8. 24. 조선일보 보도 참조

***

서초동 정곡빌딩을 말하며, 이상중은 여기에서 1989~2017년까지 이상중법률사무소를 운영했다.

표3 최은순이 이상중 변호사를 소송대리인으로 위임한 사건

사건 번호	사건 접수	원고 (대리인)	피고 (대리인)	소송 내용
서울동부지법 제11민사부 2011재가합36 손해배상(기)	2011. 2. 18	정대택	최은순 (이상중)	재심청구 기각
서울동부지법 제10민사부 2012나94775 손해배상(기)	2012. 11. 27	최은순 (이상중)	정대택	정대택 씨 항소 기각
서울중앙지법 제34민사부(다)	2015. 8. 10	최은순 외 1인 (이상중)	안소현 외 1인	최은순이 피고에 대한 투자금을 대여금이라 주장하여 일부 승소
서울남부지법 제11형사부(나) 2016고합9 특경법 위반(사기) 등	2016. 1. 11	최은순 (이상중)	안소현	최은순이 안소현을 특경법 위반으로 고소한 사건
의정부지법 2020고단1341 제8형사단독	2020. 3. 27		최은순 (이상중)	최은순이 350억 원 허위잔고 증명 위조로 기소된 사건
서울고등법원 2020나2018949 제21민사부(나) 수표금	2020. 6. 25	임희영	최은순 (이상중)	임희영이 최은순이 발행한 당좌수표금을 청구한 사건

를 이상중 변호사에게 가끔씩 가져다 주었다."고 기억하고 있었다. 이로 미루어 보면 이상중 변호사는 그 당시에도 조시연과 별도의 위임계약도 없이 마치 집사나 가족처럼 그에게 법률자문을 해주고 있었던 것으로 여겨졌다.

조시연과 이러한 각별한 특수관계를 유지했던 이상중 변호사는 윤석열과 그의 장모 최은순과도 매우 특별한 관계인 것이 드러났다. 최은순은 2009년경부터 지인 노덕봉씨 등에게 "우리 사위[*]가 변호사 10명보다 훌륭한 변호사를 소개해 누가 덤벼도 걱정할 일이 없다."고 호언장담했던 변호사가 이상중 변호사로 알려져 있었고, 실제 이상중은 최은순의 민형사 소송에서 대리인으로 '표3'과 같이 오랫동안 지속적으로 활동했다.

*

최은순의 지인 노덕봉 씨의 증언에 의하면 최은순은 윤석열을 김명신과 혼인 이전에도 사위라고 칭했다고 한다.

4장

윤검 일행

2000년대 검찰시대와 윤석열

9수 끝에 사법시험에 간신히 합격한 윤석열은 1994년 대구지검 검사로 처음 임용된 후, 2002년 2월까지 춘천지검 강릉지청, 수원지검 성남지청, 서울지검, 부산지검 검사를 거친다. 그후 약 1년간은 검찰을 떠나 태평양에 잠시 근무하다가 2003년 3월 다시 광주지검 특수부로 복귀하고* 그해 10월에 대검 중수부의 '에스케이비자금 및 대선불법자금' 수사팀에 파견되었다. 조남욱 일정표 만찬에 윤석열로 추정되는 '尹'이 처음 등장하기 시작한 것은 1997년 9월과 2000년 7월이고, 2002년 삼부토건 추석 선물명단에는 '태평양 변호사' 윤석열과 문강배에게 각각 '김'이 발송되었다. 그리고 2003년 3월 6일에는 광주지검으로

120

복귀한 윤석열 검사에게 이를 축하하는 동양란이 삼부토건 삼남 조성연의 명의로 발송되었다. 이뿐만이 아니라 윤석열이 오랫동안 가까이 지내며 따랐던 땡중 심무정과 동부전설 사장 황하영은 1995년부터 비서실 문서에 함께 등장하는 인물들이었으니, 이런 사실들로 미루어 보면 조남욱은 충청도 동향이자 서울대 법대 후배인 윤석열을 초임 검사 시절부터 이미 관리 대상으로 정하고 많은 관심을 보이면서 그를 지원했을 것으로 보인다.**

2003년 10월에 시작된 대검 중수부의 대선 불법자금 수사는 2002년 제16대 대선에서 불법대선자금이 이회창 후보 측 약 823억 원, 노무현 후보 측 약 119억 원이라는 사실을 밝혀내며, 정치인 32명을 기소하고 기업인 13명을 형사처벌 하였지만, 재벌총수는 모두 무혐의 처리하면서 용두사미로 끝났다. 당시 중수부장 안대희가 이끄는 수사팀의 검사는 15명 정도였는데 중

*
윤석열을 다시 검사로 재임용한 것은 당시 검찰총장 김각영이었다. 김각영은 앞에서 언급한 것과 같이 조남욱 회장과 막역한 사이로 총장시절에도 서로 연락을 주고 받았고, 퇴임한 이후에는 그의 법률고문이 되었다.

**
윤석열의 부친인 윤기중은 1931년생으로 충남 논산에서 태어나 공주에서 학교를 다녔는데, 조시연의 말에 의하면 부친인 조남욱이 그와 잘 아는 사이였다고 했다.

표4 윤석열에 대한 조남욱 회장의 명절선물 변화 양상

연도	목록에 명기된 직함	품목	수령인 주소	비고
2002년 추석	태평양 변호사	김		
2004년 설	태평양 변호사	곶감	연희동	삼남 조성연 명의로 발송 양재택 검사: 곶감
2004년 추석	검사	밤	연희3동	삼남 조성연 명의 양재택 검사: 멸치
2006년 추석	고양지청 검사	갈치		이상중 변호사: 밤 양재택 검사: 메론
2007년 추석		?		르네상스호텔 추가선물 대상자에 '윤석열' 명기
2008년 추석	대전지검 논산지청장	메론 망고	연희3동	양재택 변호사: 홍삼
2009년 설	대전지검 논산지청장	정육	연희3동	양재택 변호사: 밤 김각영, 김종건: 정육
2009년 추석	대검 범정2 담당관	정육		남기춘 울산지검장: 메론
2010년 설	대검 범죄정보2 담당관	정육		양재택: 밤
2010년 추석	대검 중수2과장	정육		남기춘 서부지검장: 메론
2011년 설	대검	정육		양재택: 김
2011년 추석	대검 중수1과장	정육		남기춘, 양재택: 메론
2012년 설	대검 중수1과장	정육	서초4동 아크로비스타	정상명, 김각영: 정육
2012년 추석	중앙지검 특수1부장	정육		남기춘, 정상명, 김각영: 메론
2013년 추석	수원지검 여주지청장	정육		남기춘, 김각영: 메론
2014년 설	대구고검 검사	김		양재택, 남기춘, 정상명: 김
2014년 추석	대구고검 검사	메론		남기춘, 김각영: 메론 최교일: 망고
2015년 추석	대구고검 검사	메론		

수1과장 남기춘, 중수2과장 유재만, 윤석열, 정준길, 박찬호, 이인규, 한동훈 등으로 이루어져 있었으며, 안대희는 이후에 이 사건 수사에 참여했던 검사들을 주축으로 '우검회(愚檢會)'라는 특수부 사조직을 만들어 소위 '강골 검사' 이미지로 자신 및 전현직 특수통들의 정치세력화에 이용했다. 안대희가 2015년 국무총리에 지명되었을 당시 언론에 드러났던 우검회 멤버는 남기춘 전 서부지검장, 정준길 중수부 검사, 김수남 서울지검장, 김주현 검찰국장, 유재만 전 대검 중수부 과장, 윤석열 전 대검 중수부 과장 등이었다.

　이른바 검언유착 동맹으로 '엘리트 검사'니, '강골 검사'니 하면서 자신들이 보유한 막강한 수사권과 기소권을 남용해 왔으면서도, 정치검찰 그들이 선택한 일방적 수사와 기소는 언론에 의해 정의로 둔갑되어 마치 정당한 권력 행사로 간주되곤 했다. 그렇게 검찰과 언론이 불순한 목적의 프레임으로 불의한 권력과 재벌에 대항하는 강골 검사, 그런 검사 이미지로 국민을 속여왔기 때문에 우리가 들어왔던 낯익은 이름들, 홍준표, 박철언, 심재륜, 안강민, 안대희, 남기춘, 윤석열 같은 그런 강골 검사 계보를 잇는다는 인물들이 나중에는 형편없이 부패한 정치검사이었거나 부도덕한 전관 변호사로 평가받는 것이었다. 윤석열이 2013년 10월 국정감사에서 새누리당 정갑윤 의원에 질문에 '(검찰) 조직을 사랑하고 사람에 충성하지 않는다'는 식의 답변을 한 것을 두고 당시 언론들은 법과 원칙을 강조하는 '강골 검사'니,

특수통이니, 칼잡이니 하면서 띄워주었는데, 결국 그러한 거짓된 이미지는 국민들이 그를 대통령으로 선출하게 만드는 기제가 되었다. 실제 그때나 지금이나 윤석열 검사는 사람이 아니라 전체주의 군사독재정권을 그리워하는 권위적인 조직지상주의자였을 뿐이었다. 조남욱 회장 역시 그런 인물이었다.

조남욱 일정표에 자주 등장했던 남기춘 검사를 보더라도 언론은 그를 검사 재직 시절에 외압에 굴하지 않고 수사를 잘한다는 의미에서 '검객'이라고 추켜세웠고, 강골 검사로 불리었던 심재륜은 2011년 2월 월간조선과의 인터뷰에서 한화 사건을 지휘하다가 사임한 남기춘 서울서부지검장에 대해 '거대권력에 맞섰다가 좌초한 것'이라 표현하고, '의를 추구했고 그 때문에 외로웠던 검사'라는 허무맹랑하고 황당하기가 이를 데 없는 극찬을 쏟아내기까지 했다.

노무현 정부는 이런 무소불위의 기소권 남용을 개혁하기 위해 검찰개혁의 방향을 그 권력을 분산하거나 민주적으로 통제하기보다는 검찰의 정치적 독립성과 중립성을 더 강화하는 방향으로 정하고 그들 검찰 스스로 올바른 수사권과 기소권을 행사하도록 기대할 수밖에 없는 처지가 되었다. 그러나 당시 검찰 수뇌부는 '검사와의 대화'에서 평검사들의 오만방자함을 그대로 방치*하고 보수언론과 함께 2002년 대선자금 수사, 부동산 폭등, 세금 문제 등에 대해 일방적으로 왜곡된 프레임을 덧씌워 보도함으로써 참여정부의 개혁과 지지기반을 완전히 무

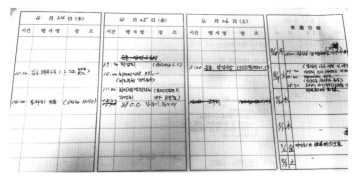

조남욱 일정표에 등장하는 남기춘(2008. 4. 26, 남검사장 크리스탈밸리CC)

너뜨리고 이명박 정권을 탄생시켰다. 이명박 정권의 탄생과정에서 생겼던 위기 상황 또한 특수부 검사들이 포진한 'BBK특검팀'이 피의자 이명박을 '혐의 없음'으로 불기소해버림으로써, 전두환에게 적용했던 "성공한 쿠데타는 처벌할 수 없다"는 반역사적 정치검찰의 황당한 논리가 다시 한번 이명박에게 적용되고 말았다. "성공한 대통령 후보의 당선은 처벌할 수 없다"는 식의 논리였다.

참여정부 당시 윤석열은 2005년 5월 의정부지검 고양지청 검사, 2006년 2월 고양지청 부부장 검사가 되어, 그해 3월에는 대검 중수부의 '현대차 비자금 사건' 수사팀에 주임검사로 파

*

전술했듯이 당시 검찰총장인 김각영은 '검사와의 대화' 직후
총장직을 사직하고 얼마 지나지 않아 조남욱의 삼부토건
법률고문이 되었다.

125

견되었고, 2007년 2월에는 대검 중수부의 검사가 되어 2007년 9월부터는 '변양균 전 청와대 정책실장 비리의혹' 수사팀에서 파견검사로, 11월에는 '김용철 폭로 삼성비자금조성의혹 특별수사본부'에서 활동했다. 이후 윤석열 검사는 2008년 1월에 'BBK수사 이명박 당선인 특검'에 파견되었고, 3월에는 대전지검 논산지청장으로, 2009년 1월에서 7월까지는 대구지검 특수부장으로 있었다. 이 무렵인 2008년 8월에는 '박연차 게이트 사건'이 발생했다. 서울지검 특수2부장이었던 윤갑근이 "농협이 자회사인 '휴캠스'를 태광실업 박연차 회장에게 헐값 매각했다."는 의혹으로 시작한 수사는 그해 11월 대검 이인규 중수부장에게 이관되었고, 다음 해 5월 대검 중수부장 이인규와 중수1과장 우병우가 지휘한 노무현 대통령에 대한 과잉 표적 수사는 결국 비극적 결말을 낳게 하고 말았다.[*]

서울르네상스호텔의 임원이었던 회사 선배는 2020년경 다음과 같은 사실을 털어놓았다.

"노무현 대통령이 돌아가시고 얼마 지나지 않은 2009년 당시에도 조남욱 회장이 자신에게 대검 중수부 검사들을 접대하라는 지시가 있었고, 그때 자신은 5~6명의 중수부 검사들을 대상으로 호텔나이트클럽을 포함한 접대를 충실히 수행했다."

이 무렵 조남욱 회장은 명절선물로 윤석열에게 이전의 김이나 밤에서 한 단계 등급을 올려 메론이나 망고, 갈치 같은 품목을 보냈다.

'BBK특검보'로 활약하며 이명박 정부 탄생을 축하한 특수부 검사 윤석열은 이명박 정부 초기인 2009년 7월 대검 범죄정보2 담당관으로 이동해 대검 중수부의 핵심적 역할을 담당하게 되었고, 2010년 7월에는 대검 중수2과장,** 2011년 8월에는 중수1과장,*** 그리고 2012년 7월에는 서울중앙지검 특수1부장에 각각 취임했다. 대검 요직을 꿰찬 2009년부터 윤석열에 대한 조남욱의 명절선물은 당연히 최상품인 정육으로 격상되었다.

이 무렵에 정치검찰의 표적 수사로 진행되었던 사건은 한명숙 전 총리를 상대로 한 두 차례에 걸친 '뇌물수수 혐의 사건'이었다. 2009년 12월경에 검찰은 '5만 달러를 주었다는' 곽영욱

*

윤갑근은 이 당시 우병우 사단의 일원으로 노무현 대통령의 수사에도 참여하였고, 2024년 12월 윤석열이 헌법위반 혐의로 탄핵 소추된 이후에는 그의 핵심 대리인으로 활동하며 거짓된 망언들을 쏟아내고 있었다.

**

당시 대검 중수부장은 윤석열 정부 초기 방통위원장을 맡았던 김홍일이었다.

***

윤석열이 대검 중수부 요직을 거치는 동안 서울중앙지검 3차장 검사는 최재경, 김주현, 윤갑근이었다. 3차장은 특수1, 2, 3부를 산하에 두고 검찰 인지사건을 수사하는 요직이었다.

전 대한통운 사장의 허위진술에 기반해 한명숙 전 총리를 기소했다. 한명숙에 대한 1차 기소 당시 검찰의 수사라인은 서울중앙지검 3차장 김주현과 특수2부장 권오성이었는데, 1차 기소가 조작되었음이 드러나 1심에서 무죄 판결이 나자 검찰 수뇌부는 그들을 인책하여 지방으로 보내고 대신 윤갑근을 서울중앙지검 3차장으로 발탁했다. 우병우도 이 당시 대검 중수부 수사기획관으로 발탁되어 노무현 전 대통령 수사팀이 부활하는 계기가 되었다. 그리고 당시 인책되었다던 김주현 서울지검 3차장검사는 이후 박근혜 정부에서 법무부 검찰국장, 법무부 차관, 대검 차장검사를, 윤석열 정부에서는 민정수석비서관으로 발탁되었다.

2010년 4월 1심 판결에서 "의자가 돈을 받았다"는 곽영욱 사장의 진술이 명백한 허위로 드러나 무죄가 선고되었지만,* 대검 중수부는 한 전 총리에 대한 1차 기소가 법원에서 무죄로 판명날 것이 자명해지자 다시 추가로 '불법 정치자금 수수 의혹'을 내사하여 사건 자료를 서울중앙지검 특수부에 넘겨주었고,** 1심 판결 하루 전에 서울중앙지검 특수부는 '한신건영 한만호 사장'을 압수수색하고 다시 그녀를 기소했다. 한명숙 전 총리는 검찰의 두 번째 기소에서 1심에서는 무죄를 다시 선고받았지만, 항소심 판결에서는 결국 검찰의 비틀어진 칼날을 비켜가지 못하고 유죄를 선고받아 상고심에서 형이 확정되었다. 서울시장 후보이자 노무현 정부의 대선 경선 후보이기도 했던 한명숙 전 총리의 정치생명은 그렇게 끝나고 말았다.

윤석열이 대검 중수2과장으로 있던 2011년 5월에는 부산저축은행 불법대출 및 특별인출사건의 주임검사로 활동했다.***
이 수사로 대검 중수부는 친인척 등을 바지사장으로 내세워 120개에 달하는 특수목적법인을 만든 뒤 직접 경영하며 4조 5,942억 원을 대출해주는 등 7조 원대 경제범죄를 저지른 이 은행 대주주 박모 회장 등 76명을 재판에 넘겼지만, 훗날 20대 대선 과정에서 대장동 대출 브로커 역할을 한 조우형의 혐의를 대검 중수부가 포착하고도 윤석열 주임검사가 박영수 전 특검의 청탁을 받고 이를 무마해 줬다는 의혹이 뉴스타파에 보도되었다. 이 보도로 인해 뉴스타파 대표, 뉴스타파 기자, 신학림 전

*

이 당시 한명숙 전 총리에 대한 '뇌물조작사건 무죄판결'은
검찰개혁 혹은 대검 중수부 폐지론의 기제로 잠시나마
작용하기도 했다.

**

2010. 4. 13. 한국일보 보도 참고

***

윤석열과 함께 이 사건 수사에 참여했던 이진동 검사는
윤석열 정부가 들어서자 검사장으로 승진하고 2024년
9월에는 검찰의 2인자인 대검 차장검사가 되었으나 김용현
전 국방부장관이 최근 구속되기 직전 '노상원의 비화폰'으로
이 차장검사와 통화하는 등 윤석열의 계엄선포와 관련된 검찰
수뇌부 인사라는 의혹을 받고 있다.

언론노조 위원장, 김만배 등이 20대 대통령으로 윤석열 검사가 당선된 이후 2024년 7월 '명예훼손 혐의'로 검찰에 의해 기소되어 재판에 넘겨졌지만, 2024년 11월 20일까지 6차례 공판이 진행되었음에도 불구하고 검찰은 명예훼손 혐의조차 특정하지 못하고 있고,* 구속되었던 신학림 전 위원장과 김만배는 그 이후 일단 법원의 보석 결정으로 석방되었다. 반면에 앞에서 언급했듯이 오랫동안 대장동 50억 클럽 의혹을 받아왔던 박영수 전 특검은 2023년 8월 결국 구속기소되었고, 1심 재판에서 '대한변협 회장 선거 자금 명목으로 3억 원을 수수한 혐의'로 징역 7년과 벌금 5억 원을 선고받고 항소했다.

또한 2012년 대검 중수부 1과장이었던 윤석열은 2009년 노무현 대통령의 사망으로 중단되었던 노무현 가족 수사를 재개하기 시작해 딸 노정연 씨의 '미국 고급아파트 매입 사건 의혹'**의 주임검사로 활약했다. 수사의 명분은 언론이 이 문제를 다시 제기했기 때문이라고 했지만 2012년 말 대선을 앞둔 시점에서 이루어진 정치보복 수사로밖에 보이지 않았다. 수사의 시작은 13억 원이라는 아파트 구입 자금의 일부가 박연차 회장으로부터 흘러 들어갔다는 의혹 제기였지만 검찰은 '미신고 외환거래'를 문제 삼아 공소를 제기했고, 2013년 1월 법원은 이를 인정해 징역 4개월에 집행유예 1년을 선고했다. 윤석열은 이 사건 수사를 위해 미국으로 10일간 출장을 다녀오기도 했다. 이 시기에 오마이뉴스에서 윤석열이 장모와 관련해 12건의 압력을 행사한 것에 대해 내부감찰을 받고 있다는 보도가 있었으나 감찰은 모두 무혐의로 종료된 것으로 알려졌다.

2012년 11월 16일 서울중앙지검 특수1부장이었던 윤석열은 경찰이 유진그룹 등으로부터 9억여 원의 뇌물을 받은 혐의로 김광준 부장검사에 대해 계좌추적 영장을 신청하자 이를 기각했다. 그는 경찰을 지휘하는 특수부장의 ·입장이라며 언론플레이를 통해 뇌물을 준 사람이 특정되지 않았다는 이유 등 경찰의 영장 청구서에 대해 부실하다고 목소리를 높여 기각했지만, 그 실질은 감히 경찰이 검사의 비리를 수사한다는 사실 자체를 용납하지 않겠다는 태도로밖에 보이지 않았다. 이 사건의 실체는 김광준 전 서울중앙지검 특수3부장 등 4명의 특수3부 검사들은 2008년은 김광준 검사의 차명 주식계좌로 수백만 원씩 돈을 입금해 유진그룹 계열사 주식에 투자했다가 손해가 발생하자 투자금을 돌려받았고, 결

*
김만배는 이 사건 5차 공판에서 기존과는 달리 2011년
당시 윤석열 검사와 친한 박영수 변호사를 조우형 씨 측에
소개해줬다는 취지의 진술을 했다.

**
노정연씨는 이때 남편 곽상언 변호사의 미국 유학을 위해
뉴저지주의 뉴욕타운에 소재하는 아파트를 매입했다고 한다.

국 김광준 특수3부장은 유진그룹에 대한 내사를 벌이다가 유진그룹 쪽에서 수사 무마 대가로 6억 원을 수수한 혐의 등으로 김수창 특임검사*에 의해 구속영장이 청구되어 재판에 넘겨졌다. 법원은 김광준 검사에게 징역 7년, 추징금 3억 8천 67만 원을 선고했다. 지난 20대 대선 과정에서 '선데이저널'이 공개했던 윤석열 육성 파일에도 이러한 검찰개혁이나 경찰에 대한 그의 시대착오적인 인식이 적나라하게 드러나 있었다.

"경찰이 검찰이라는 조직을 상대로 수사권을 내달라고 요구하는 정도가 된다는 거 자체가 문제라고 봐. 어디 경찰이 검사보고 권력 내놓으라고 그래. 경찰은 늘, 경찰이라는 거는 검사한테 엉까야 출세해. 그렇게 만들어 놨어요. 그런데 그런 거 자체가 잘못된 거야. 검찰이라는 조직은 경찰하고 경쟁하는 조직이 아니야. 절대로 독립해서 별도로 존재할 수 있는 게 아니야. 어디 무슨 황운하 이런 애들이, 경찰관이 어디 검찰 조직에다 대놓고 권력을 내놓으라는 요구를 하냐. 경찰은 주어진 예산과 인력과 주어진 범위 내에서 열심히 치안 유지하면 되는 조직이지."

2012년 11월 29일 윤석열은 '한상대 검찰총장의 퇴진'을 주장하는 일파의 임시대변인으로도 활약했다. 당시 한 총장이 여론에 떠밀려 궁여지책으로 내놓은 '중수부 폐지 개혁안'에 반기를 든 대검 중앙수사부장 최재경에 대해 감찰을 지시하자 채동욱 대검 차장 등 검사장급 간부들이 오히려 한 총장의 퇴진을 주장하며 용퇴할 것을 건의했다. 이때 서울중앙지검 특수1부장 윤석열은 대검 간부들의 임시대변인임을 자처하며 기자들에게 이런 문자를 보냈다.

"아침 9시에 중수부장 제외한 대검 차장과 전 부장들이 총장실에 올라가서 총장의 명예로운 용퇴를 건의했다. 어젯밤에 일선에서 전국 각지 부장 이상들은 다 집에 들어가다 돌아와서 비상대책회의를 한 모양인데 일선 검사 의견을 청취해 보고 더 이상 총장으로서의 직책을 수행할 수 없다고 판단해서 측근 참모들이 총장에게 용퇴를 건의하고 일선 검찰에는 우리들이 용퇴를 건의해서 사퇴하게 할테니 일단 오늘 오전까지는 총장사퇴를 촉구하는 집단행동을 자제해 달라고 요청했다. 그러면서 차장과 전 부장이 총장에게 직접 명예로운 퇴진을 건의했다(대검 대변인이 풀할 수 없는 내용이라 특수1부장이 대신함)".

하루 뒤인 11월 30일 한상대는 결국 퇴진했다. 이 당시 한상대 검찰총장이 '대검 중수부 개혁안'을 제시한 이유는 김광준 부장검사의 억대 뇌물 사건, 피의자를 상대로 한 검사 성행위 사건 등이 잇따라 터져 정치권 등의 검찰개혁 요구가 높았기 때

*

대검찰청은 2012년 11월 9일 당시 법무연수원 연구위원으로 있던 김수창을 특임검사로 임명해 해당 수사팀을 편성했다. 이전에 김광준 부장검사 등에 대한 관련 혐의는 경찰청 지능범죄수사대가 포착해 이를 수사 중이었다.

문이었다. 그의 처지에서는 '중수부 폐지안'이라도 받아들이지 않으면 검찰총장직을 유지하기가 어려운 형편이었다.

박근혜 정부가 들어서자 윤석열은 2013년 4월 수원지검 여주지청장이 되었고, 곧바로 국정원 댓글 수사 특별수사팀장에 임명되었다. 댓글 수사 과정에서 채동욱 검찰총장이 조선일보가 보도한 혼외자 스캔들이 빌미가 되어 그해 9월에 사퇴하자, 윤석열도 국정원 압수수색을 상부 보고 없이 수행했다고 하여 특별수사팀에서 배제되고 10월 21일 관련된 국정감사에 증인으로 출석해 '조직을 사랑하고 사람에 충성하지 않는다'는 취지의 답변으로 여론의 주목을 받았다. 윤석열은 이 일로 인해 2013년 12월 법무부 검찰 징계위원회에서 상부 지시위반 등으로 정직 1개월 처분을 받고 2014년 1월 대구고검 검사로 좌천되었으며, 2016년 1월부터 대전고검 검사로 있던 윤석열은 '박근혜-최순실 게이트'가 터지자 그해 12월에 전직 고검장 박영수 특검팀에 뇌물죄 관련 대기업을 수사하는 4팀장으로 파견되었다. 그리고 당시 박영수 특검팀에 대한 여론의 지지에 힘입어 2017년 5월 문재인 정부에서 서울중앙지검장으로 전격 발탁된 윤석열은 이전 정권에 대한 적폐 청산 수사를 진행하여 2018년 3월 도곡동 땅과 다스 실소유주 혐의*로 이명박을 구속해 비자금 조성 및 횡령, 뇌물수수 혐의 등으로 기소했고, 최종적으로 법원은 이명박에게 징역 17년, 벌금 130억 원이라는 판결을 확정 지었다.** 이러한 적폐 청산에 대한 추가 공적으로 인해 그는 결국 당시 여론과 민주당의 의심 없는 지지를 받게 되었고, 이것은 2019년 7월 문재인 정부가 그를 직접 가까이 지켜보며 의심스러운 눈초리를 보냈던 사람들의 반대 의견까지 극복하고 검찰총장으로 최종 지명될 수 있는 중요한 기제로 작용했다.

*

2007년 말 대선 당시 제기되었던 'BBK 주가조작' 의혹은 2008년 2월 이미 윤석열을 포함한 특검팀이 '당선인 이명박'에게 면죄부를 주었으므로 이 건에 대한 의혹은 수사 대상에서 결국 제외되고 기소되지 않았다.

**

친이명박계 검사로 승승장구했던 윤석열은 2022년 대통령으로 당선되자 자신이 입지와 승진을 위해 감옥으로 보냈던 이명박을 특별사면했다.

조남욱 부자와 더 가까워진 윤석열

양재택 검사가 2000년대 중반부터 검찰 요직을 벗어나 지방을 전전하게 되고 2008년 서울고검 차장검사를 마지막으로 2008년 4월 옷을 벗으면서 조남욱은 10년 넘게 관리해 왔던 윤석열 검사를 더욱 가까이하며 잦은 만남을 이어가기 시작했다.*
물론 이러한 그들의 관계는 그들 둘만이 아니라 땡중 심무정과 동부전기산업 황하영 사장이 함께하고 있었으며 때때로 김명신의 모친인 최은순 회장도 함께 등장했다. 이 당시부터 조남욱 일정표에 표시된 그들 일행과의 만찬이나 골프 모임으로 여겨지는 일정들이다.

2005. 2. 28.　11:30　운동(황 사장, 무정스님)

2005. 5. 22.　10:08　비전힐스(심, 황 사장)

2006. 9. 3.　14:27　비전힐스(尹, 黃)

2006. 10. 5.　08:06　뉴서울CC(황하영 사장, 윤 검사 외)

2006. 10. 8.　12:35　비전힐스(黃, 尹)

2007. 10. 31.　08:27　뉴서울CC(황하영 사장)

2008. 6. 11.　11:24　청우GC(황 사장 일행)

2008. 7. 2.　13:16　청우CC(황 사장)

2009. 7. 11.　09:37　비전힐스 서코스(황하영 사장)

2010. 10. 23.　12:07　비전힐스 서코스(황하영)

2010. 9. 27.　　　　저녁만찬(윤 부장)

2010. 12. 24.　　　　만찬(동해 황)

2011. 1. 15.　18:30　만찬 토파스(남, 윤, 황)

＊

윤석열은 사법고시 9수로 인한 짧은 검사 경력에도 불구하고
무슨 연유에서인지 2003년부터 대검 중수부의 특별수사팀에
파견되는 등 대검의 핵심 중요 사건들 수사에 참여했으며
2007년에 대검 검찰연구관, 2009년에 대검 범죄정보담당관,
2010년에는 대검 중앙수사부 과장이 되었다.

2011. 4. 2.	09:54	강남 300 CC 아웃코스(최 회장,* 윤검)
2011. 8. 13.		만찬(윤 검사, 황사장)
2011. 10. 16.		운동(최 회장)
2012. 4. 1.	08:14	뉴서울CC 남 IN코스(심희리, 황하영)
2012. 4. 15.		뉴서울CC 남 IN코스(황 사장)
2012. 5. 20.	08:22	비전힐스 서코스(최 회장, 황 사장).**

1952년생으로 윤석열보다 8살 많은 황하영 사장은 삼부토건 비서실 문서에 1990년대 중엽부터 심무정과 함께 등장하는 인물이다. 회장 비서가 작성한 전화번호 명부에는 '황하영'이란 이름 옆에 'with 심희리(심무정)'라고 표기되어 있는 것으로 미루어 보면, 황하영이 조남욱 회장을 만날 때면 항상 심무정이 함께 했을 것으로 여겨진다. 강원도 동해시에 소재하는 동부전기산업 대표인 황하영은 오래된 심무정, 윤석열과의 관계를 기반으로 조남욱 회장의 뒷배를 활용하여 삼부토건이 시공하는 상당한 비율의 전기공사를 오랫동안 하도급받아 동해에서 막대한 부를 축적했다. 그는 2021년 5월 강원도민일보 기자와의 통화에서 윤석열이 사법고시를 준비하기 이전부터 알았던 사이라고 주장했으며, 그의 아들인 황종호는 윤석열을 삼촌, 김건희를 작은엄마라고 부를 정도로 양측 가족들은 아주 가까이 지내왔던 것으로 알려져 있었다. 실제 황종호는 윤석열 대선캠프에서 부부의 수행비서 역할을 긴밀히 수행하고 있었으며 당선 뒤에

는 청와대 시민사회수석실 행정관으로 들어갔다. 황종호는 한남동 라인의 윤석열 정권 실세로서 최근까지도 끊임없는 의혹들이 흘러나오고 있다.

'조남욱 일정표'에서 가장 특이하다고 생각되는 것은 김명신이나 김교수라는 칭호는 메모장이나 다른 비서실 문건에는 매우 빈번히 등장하는 이름임에도 불구하고 이들 윤석열 일행과 함께하는 일정에는 전혀 등장하지 않는다는 것이다. 반면에 김교수의 모친인 최은순은 2007년 3월 23일 양재택 부장검사와의 만찬에 함께 명기되어 있다거나, 2011년 4월 2일 강남300 골프 일정에는 윤검과 함께, 2012년 5월 20일 비전힐스 골프 일정에는 황하영 사장과 함께 등장한다. 유일하게 김명신이 다른 사람과 함께 나오는 일정은 오직 모친인 최은순과 동석한 2004년 2월 8일 르네상스호텔 중식당 가빈에서의 오찬뿐이다. 미루어

*

조남욱의 삼부토건 선물명단을 보면 '미시령휴게소
최은순 회장'이라고 명기되어 있고, 최은순이 미시령 휴게소를
운영하기 이전에는 조남욱은 그녀를 '최이사'라 칭하고
있었다.

**

삼부토건이나 계열사가 보유했던 골프장 회원권은
비전힐스CC, 뉴서울CC, 블랙스톤 이천CC, 이스트밸리CC,
신안CC 등이 있었다.

짐작해보면 이는 역으로 조남욱이 르네상스호텔에서 가장 가까이 지냈던 인물은 김명신이었던 것으로 여겨진다.

르네상스호텔 23층 호라이즌클럽의 지배인이었던 K씨의 증언도 이런 추론을 상당히 입증해 주고 있었다. 그의 증언에 의하면 2000년대 초반부터 김명신은 늘 호텔로 출근하다시피 했고, 조남욱 회장은 오후에 삼부토건에서 르네상스호텔로 출근할 때면 지배인인 자신에게 김교수가 출근했는지를 항상 물어보았다고 증언한 바 있다. 실제로 김명신은 이때부터 르네상스호텔에서 조남욱의 비공식 비서와 같은 역할을 수행하면서 그와 한 가족 같은 공동체가 되었다고 봐도 무방할 것이다. 실제 김건희도 2021년경 '서울의 소리' 이명수 기자와 통화에서 조남욱 회장과는 한 가족같이 지냈다고 했다. 언필칭 한 가족같이 가까이 지내는 사람을 굳이 일정표에 명기해 둘 이유는 없었다고 생각된다.

호텔 지배인 K씨는 또한 윤석열 일행의 르네상스호텔 일정들은 대부분 골프일정을 끝내고 이어지는 오찬이나 만찬이었다고 얘기해 주었고, 조남욱의 운전기사였던 K씨는 언젠가 심무정이 조회장에게 윤석열에 대해 말하는 것을 얼핏 들은 기억이 있는데 "젊은 검사 하나가 착실한 사람이 있는데 법무장관까지 갈 수 있는 상"이라고 했다고 전해 주었다. 이 운전기사는 실제 2011년에 최 회장과의 골프 일정에 조 회장과 심무정을 함께 차로 모시고 간 적이 있었는데 이때 심무정은 조 회장에게 최은순이 돈을 몇 백억 원대를 가진 사람이니 잘 지내시면 나쁘지 않을 거라는 취지로 말하는 것을 들었다고도 했다. 운전기사 K씨의 증언 요지는 윤석열과 김명신의 결혼 얘기가 오갈때 '윤검'과 최은순이 한 번 만났다는 것이었는데, 조남욱 일정표상 그들이 만나서 골프를 친 날은 2011년 4월 2일 강남300골프장이니 최소한 그때부터 윤석열은 김건희와의 혼인을 염두에 두지 않았나 싶다. 실제 이날로부터 1년이 채 지나지 않은 2012년 3월 11일 운전기사 K씨는 조남욱 회장을 그들의 결혼식장에 모시고 갔다.

항간에는 윤석열과 김명신을 누가 맺어 주었는지에 대해 이런저런 얘기들이 많았다. 조남욱의 차남 조시연은 2022년 언론에 공개된 '지인과의 대화'에서 자신이 윤검과 호형호제하는 사이로 직접 그들을 소개해주는 자리에 나가 맺어 주었다는 취지의 말을 했고, 김건희는 얼마 전 공개된 영상에서 무정스님이 "너는 석열이 하고 맞는다."며 심무정 도사가 자기들을 맺어 주었다는 의미의 말을 했다. 최은순은 2011년 검찰 조사를 받으면서 라마다르네상스호텔 조남욱 회장이 윤석열 검사를 소개해주어 딸이 2년간 교제하였고, 곧 결혼식을 올릴 예정이라는 취지의 진술을 한 것도 있었다.

아마도 이러한 진술들은 모두 사실에 부합하는 것으로 보인다. 왜냐하면 조남욱이나 조시연, 심무정은 모두 김명신, 윤석열과 서로 함께 라마다르네상스호텔을 중심으로 얽히고설킨 가족같은 관계로 보이기 때문이다. 결국 세 사람 모두 그들 부부의 관계 형성에 상당한 역할을 했다고 할 것이다. 그래도 마지막으로 세인으로서 한 가지 궁금한 것은 양재택 검사는 그들 관계 형성에 어떤 역할을 했다고 자임할지이다. 어떤 사람들은 그들 셋이 그 당시에 제법 친하게 지내면서 식사도 함께 하고 다녔다는 얘기도 하기 때문이다.

윤석열 검사에 대한 목격담은 르네상스호텔 23층 지배인이었던 K씨 이외에도 삼부토건 운전기사들의 증언들도 상당히 있었다. 운전기사 H씨는 윤석열을 르네상스호텔에서 몇 번 봤던 것은 그가 덩치가 커 유난히 눈에 잘 띄기도 하지만 조시연과 술을 마셨기 때문이라며 '윤검'이 호텔에서 조 회장을 만나면 늘상 조시연이 호텔에서 함께 나와 접대 차원에서 인근으로 술을 먹으러 가는 것이라 여겼다고 했고, 2011년경 조시연 부사장과 조남원 부회장 간의 경영권 분쟁이 심각한 양상으로 흘러갔던 당시에도 '윤검'이 조시연을 많이 도와준 것으로 안다고 말했다.

그는 또 그 당시에 조카 조시연이 조남원 부회장을 갈구면서 윤석열의 꼬마 검사들하고도 자주 어울려 다녔는데 그가 보여주는 태도는 기고만장했고, 조남욱 회장이 자기 아들과 함께 검사들을 동원하여 동생인 조남원 부회장을 공격하는 것을 보고 좀 야비하다고 느꼈다고도 했다. 회사의 다른 직원들의 제보에 의하더라도 조시연 부사장은 '윤검'을 '석열이 형'이라 부르며 늦은 밤까지 술자리를 가졌다고 스스로 자랑삼아 말하는 것을 들었다고 했고, 어떤 운전기사는 조 부사장이 차를 대기시키

라마다르네상스호텔 야경

고 참석한 어느 술자리 이후에 윤석열 검사가 그와 함께 그 기사가 운전했던 차를 타고 있었는데 '윤검'은 그 차량 내부에서 속이 불편해 그대로 게워내기까지 했다는 말까지 흘렸다.

2011년 6월부터 1년간 조시연 부사장의 운전기사로 근무했던 P씨의 증언 내용 또한 이러한 정황들을 뒷받침해 주고 있다. 자신은 계약직 운전기사로 있으면서 주로 삼부토건과 르세상 스호텔을 왕복하며 근무했는데, 조시연이 차량에서 전화 통화를 할 때면 언제나 자기를 차 밖으로 나가 있게 해 추운 겨울날이면 달달 떨면서 차 밖에서 기다리다가 전화가 끝나면 다시 차량에 탑승했다고 했다. 조시연이 주로 술을 먹었던 곳은 역삼동 르네상스호텔 인근이고 술자리가 있으면 응당 르네상스호텔 기사실에서 대기하다가 그가 전화로 나오라고 하면 다시 차를 끌고 나가는 식이었고, 그런 대기 시간이 자정이 넘었거나, 혹은 그로부터 아무 연락이 없었던 날이 대부분이어서 처음에는 밤을 꼬박 새우면서 대기하는 경우가 많았다는 것이었다.

그는 또 가끔은 서울중앙지검 옆 조그만 골목길 인근이나 서초역, 교대앞역 쪽으로 가서도 조시연을 내려주고 다시 픽업하는 경우도 있었는데 그가 누구를 만나는지 정확히는 알지 못했다고 말했다. 회사에서 검사들과 잦은 만남에 대한 구설수가 자꾸 흘러나오자 2011년 6월부터 조시연은 상근직 운전기사들을 회피하고 계약직으로 운전기사를 별도로 채용, 극도로 처신을 조심하며 자신의 운전기사조차 눈치채지 못하게 비밀스러운 그만의 작전을 수행했던 것이 자명해 보였다. 2011년 6월경부터 그 비밀 작전은 시작되었고, 그의 정적이었던 조남원 부회장과 그의 측근으로 여겨졌던 임원에 대한 서울중앙지검 특수부의 수사는 그해 10월에 마침내 시작되었다.

회사 기획실에서 2008년부터 조시연 부사장을 수행했던 한 선배 역시 당시 상황을 다음과 같은 식으로 설명해 주었다. 조시연은 항상 자신에게 윤석열과 굉장히 친한 사이인 것처럼 얘기했으며 그를 포함한 검사들을 많이 만났던 것은 어떤 어려운 일이 닥쳤을 때 사전에 대비하기 위한 것이라는 취지의 말을 했다. 또 2010년대 초반 자신은 조시연을 따라 창원지검과 울산지검을 다니며 검사 영감님들을 만난 사실이 있으며 울산 쪽은 울산지검장으로 기억하고 있었다. 그는 또 조시연이 골프를 치러 다닌 곳은 대부분 남양주의 비전힐스 골프장이었으며 윤석열이 운전면허가 없으니 조시연이 회사의 운전기사를 보내 그를 태우고 가는 식이었을 것이라고 설명해 주었다.

2008년 6월부터 2011년 2월까지 조시연의 차량을 운전했던 J씨는 "그의 차량을 운전하는 동안 조시연이 검사들과 골프 치러 갈 때 몇 번 태워준 적은 있었다."고 답변했다. 후계자 조시연이 삼부토건에서 보유했던 회원권으로 골프를 즐겼던 곳은 그의 처가가 운영하고 있었던 남양주의 비전힐스 골프장이었다. 비전힐스 골프장 법인회원권은 조남욱 부자가 거의 독점적으로 사용했고, 2008년부터 2015년까지 주로 주말에 이를 이용했다. 회사가 관련 골프비용을 처리했던 건수는 셀 수 없이 많았는데, 특히 조시연이 사용했던 회사 법인카드 사용 내역의 비용지출 액수로 미루어 보면 그 성격이 접대골프임을 충분히 짐작할 수 있었다.

조시연은 또 2010년대 초반 창원이나 울산 등과 같은 지방에도 종종 내려가 인근 현장의 소장이나 관리부장들에게 술값이나 외부인사 접대비용으로 수백만 원씩의 비자금을 마련해 줄 것을 요구하고 이를 꼬박꼬박 챙겨갔는데 이 당시 그가 요구한 비용으로 주로 접대한 인사들은 지방검찰청에 근무하고 있

김건희 페이스북의 홍보영상
영상 하단의 네 번째 후원사에 SAMBU(2012. 5. 16.)

는 검사장이나 그 부하 검사들이었다는 얘기들이 파다하게 퍼져 있었다. 삼부토건 창원 현장에서 근무했던 C씨는 조시연이 창원에 내려와 창원지검 검사들과 함께 식사하는 것을 직접 목격했다고 증언했다. 2012년 5월에는 김건희가 운영하는 '코바나컨텐츠'에서 '마크리부 사진전'을 예술의 전당에서 개최했다. 당시 삼부토건은 채권단과 자율협약을 체결하고 자금난에 빠져 직원들의 급여조차 제때 지급하기 어려운 처지였음에도 삼부토건은 그 전시회의 후원회사로 전시 포스터에 이름을 올리고 차남 조시연은 5만 원 상당의 전시회 입장티켓을 회사에서 부서별로 수북하게 나누어 주었다.

5장

삼부토건 관련
사건 개입

고양지청 검사 윤석열과 삼부토건

파주교하 운정지구 아파트 1블럭, 2블럭은 삼부토건이 2000년
대 초반부터 사업참여를 검토하여 2002년 12월에 위 지구의 토
지매입작업을 추진하고 있었던 SM종합건설(대표: 장○○)*과
공동시행 약정서를 체결하였다. 사업 시행 이익은 삼부토건이
40%, SM종합건설이 60%였다. 그 이후 삼부토건은 해당 약정
서에 따라 SM종합건설에 위 아파트 1블럭을 대상으로 2003년
9월부터 2004년 9월까지 토지매입자금 128억 원을 대여해주었
고, 2블럭을 대상으로도 2004년 8월부터 9월까지 토지매입자금
83억 원을 대여해주었다.

그 당시 파주교하 운정2지구는 2003년 5월에 택지개발에

파주 운정2지구 삼부르네상스 모델하우스 개관식
(삼부토건, 미래가, SM종건)

정지구로 지정되었기 때문에 SM종합건설과 삼부토건 등은 위 매입토지 수용에 따른 대가로 이후에 위 택지개발예정지구 내 공동주택용지 40,000평의 아파트 사업부지를 대한주택공사로 부터 수의로 공급받았다. 그리고 난 후 삼부토건을 비롯한 공동시행사들은 2007년 하반기에 총 26개 동 2,114세대에 대한

*

최초 사업추진 시기의 회사명은 장안종합건설 (대표:장○○)이었고, 그 이후 회사명이 SM종합건설로 변경되었다.

분양을 시작하여 2010년 6월에 해당 아파트 준공을 완료하였고 총 1,000억 원에 가까운 사업 수익을 거둘 수 있었다. 당초의 공동시행사의 지분율은 SM종합건설(60%), 삼부토건(40%)에서 2005년 이전에 SM종합건설(40%), 삼부토건(40%), 미래가(20%)로 변경되었다. 미래가는 당시 삼부토건의 건축본부장이었던 정모 전무가 실제 지분을 보유한 회사였다.

그런데 삼부토건이 공동시행사들과 위 사업을 진행하는 과정에서 SM종합건설에 매우 중대한 사건이 발생했다. 당시 2005년 2월부터 의정부지검 고양지청에서 재직 중이던 윤석열 검사가 파주교하 운정 택지개발예정지구 공고일 전에 토지를 매입한 것처럼 토지매매계약서 날짜를 위조하여 택지개발사업자인 대한주택공사로부터 싼 값에 매입토지의 일정비율(40~55%) 만큼 아파트 건설용지를 공급받으려 한 8개 건설업체를 적발, SM종합건설의 장모 대표를 포함한 업체 대표 5명을 2006년 1월 사기미수 혐의로 구속기소하는 일이 벌어진 것이다. 기소 후 재판 결과 판결요지는 다음과 같았다.

2006년 5월 11일 의정부지방법원 고양지원 사건 2005고단 1808(업무방해, 사기미수) 판결 요지

민간주택건설업체가 택지개발예정지구내 토지에 관하여 택지개발예정지구지정 공고일 이전에 소유자와 매매계약을 체결하고 당해 예정지구에 대한 개발계획의 승인 전까지 그 소유권이전등기가 경료된 토지를 택지개발사업시행자에게 협의 양도하여 수용된 경우에는 당해 예정지구 내 공동주택용지를 위와 같이 수용된 토지면적의 일정 비율 범위에서 수의계약으로 공급받을 수 있으므로 이를 공급받아 전매하거나 아파트건설사업을 전개할 경우 막대한 전매 차익 내지 사업이익을 얻을 수 있는 점에 착안하여, 2003. 5. 13. 파주시 E, F, G, H, I, J 일원 4,515,000m^{2}가 대한주택공사와 파주시가 공동으로 시행하는 택지개발예정지구(파주 운정 2지구)로 지정 공고되자, 위 공고 이후 위 예정지구 내 토지를 매입하여 매매계약 일자를 공고일 이전으로 조작하는 방법으로 위 예정지구 내 공동주택용지를 수의공급 받아 편취하려한 사건. 검찰 수사로 인하여 기망 사실이 밝혀지는 바람에 그 뜻을 이루지 못하고 미수.

이와 같은 재판결과 피고인들에 대해 징역 8월~1년 6월, 집행유예 2~3년이 선고되었고 SM종합건설을 비롯한 8개 업체가 추진했던 사업들은 대한주택공사로부터 아파트 건설용지를 공급받는데 실패하게 되었다. 그러나 이상한 일인지 다행스러운 일인지는 자세히 알 수는 없지만, 이 사건 수사나 기소 대상에서 삼부토건이 포함되었다는 보도는 어디에도 없었고, SM종합건설이 삼부토건과 함께 시행하기로 한 사업부지 또한 수사나 기소 대상에 포함되어 있지 않았기 때문에 삼부토건은 사업을 순조롭게 진행, 삼부토건과 SM종합건설 등은 2010년 6월 해

당 아파트 준공을 예정대로 완료하여 막대한 사업수익을 창출했다.[*]

이 사건에 대한 의혹들은 나를 비롯한 다양한 제보들로 지난 20대 대선 과정에서도 후보자 검증 차원에서 다수 언론에 의해 여러 번 제기된 적이 있었다. 특히 언론사 기자가 확보해 보도한, 2009년부터 '헌인마을개발사업' 시행을 추진해 왔던 한중전씨가 후계자 조시연과 2022년 1월경에 나눈 대화 녹취록에서는 이 사건과 관련된 의미 있는 말들이 상당히 들어 있었다.

조시연 윤총[**]한테 세 번 걸렸거든. 첫 번째는 고양지청장 할 때.
한중전 그때 고양에 있었어? 윤총이?
조시연 응. 그다음 쭉 가다가 한 번 더 걸리고, (중략) 두세 번째에서 걸린 거야.

이 녹취록 대화에서 조시연이 기억했던 '고양지청장'은 실제 고양지청 담당 검사의 착오이고, 횟수 또한 어떤 사건들을 의미하는지 정확히 알 수는 없지만, 분명한 조시연의 기억으로는 고양지청에 근무했던 윤석열 전 검찰총장이 그 당시 주임검사를 맡았던 수사에서 삼부토건이 해당 사건에 연루되어 있다는 것을 알았다는 것이었다.

이러한 의혹들이 오마이뉴스, 더팩트, 노컷뉴스 등 다수 언론에 의해 제기되자 윤석열 후보 측은 혐의를 부인하며 논점을 벗어나는 답변만 되풀이했다.

"삼부토건은 시공업체로서 시행사의 계약서 변조에 관여하지 않아 수사 대상 자체가 아니었고 청탁의 대상도 아니었다. 또 공동시행사로 등재하더라도 실제 시행업을 공동으로 경영하는 것과는 완전히 다른 문제이며 공동시행사로 삼부토건이 시행사 경영에 참여하며 직접 지주 작업에 관여했다고 볼 수는 없다. 시행사 대표와 토지계약 상대방 등 관련자들을 충분히 조사했으며, 삼부토건은 범죄에 가담한 정황과 증거가 전혀 없었을 뿐이다."

'조시연 녹취록'에 대해서도 반박했다.

"분쟁 때문에 의심하며 나눈 대화이므로 그 내용은 허위, 과장이 개입될 소지가 크며, 녹음 시기는 작년 11월부터 최근 2월인데 16년 전인 2005년 수사에 대한 모호한 언급만으로 사실관계를 확정하기 어렵다."

그러나 관련 의혹의 핵심은 SM종합건설의 대표가 적발되어 처벌되었음에도 어떻게 그 처벌 대상이 된 토지와 동일한 택

*

SM종건 대표 장모씨는 이 사건 최종심인 대법원에서도 사기미수 및 업무방해 혐의가 인정되어 징역 1년 6개월에 집행유예 3년이 확정되었다.

**

윤총은 윤석열 검찰총장을 의미한다.

휴대용 일정표 2006.9.3. 14:27 Vision Hills(尹, 黃)

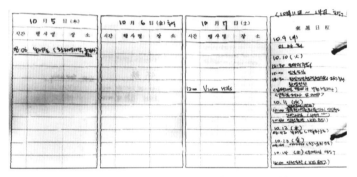

휴대용 일정표 2006.10.5. 08:06 뉴서울(황하영 사장, 윤검사 外)

지개발지구에서 SM종합건설이 삼부토건과 공동사업을 추진했던 땅만이 수사 대상이나 기소 대상 토지에서 제외되어 사업을 지속해 나갈 수 있었는가인데, 이에 대한 의혹은 조금도 풀리지 않았다. 더구나 고양지검 검사 윤석열은 이 시기를 전후한 무렵에도 여전히 동해 황하영 사장, 심무정 도사와 함께 조남욱 회장과 골프나 르네상스호텔 만찬을 즐기는 매우 끈끈한 가족 같은 관계를 유지하고 있었다.

조시연의 삼부토건 청부수사 의혹
(윤검의 경영권 분쟁 개입 의혹)

파주교하 운정지구 아파트 건설사업 추진과정에서 토지 작업에 대한 검찰수사의 위기를 간신히 모면하고 어느 정도 수익을 기대할 수 있는 상황이 되자 PF사업에 대한 자신감을 얻은 조남욱 회장은 2006년경부터 조남원 부회장과 건축사업 본부장 정모씨 주도로 서울 강남의 '헌인마을개발사업'과 '카자흐스탄 주상복합단지개발사업'을 추가로 본격 추진해 나가기 시작했고, 조시연 부사장에게는 기획실 산하에 별도의 사업팀을 편성하게 하여 충남 태안의 '유러피안리조트개발사업'과 경남 진주의 '타니 골프장 조성사업'을 추진해 나가도록 했다. 그러나 이 사업들은 회사의 제대로 된 평가나 의사결정 과정 없이 금융권으로

157

부터 수천억 원의 PF대출을 받아 문어발식 경쟁방식으로 추진되었고, 당시 주거래은행인 우리은행을 비롯한 여타 금융기관들 또한 이러한 삼부토건 추진사업들에 대해 사업성 평가도 제대로 하지 않고서 삼부토건이 보유한 강남의 르네상스호텔 부지 등의 그룹 보유자산만을 과대평가하여 '사업시행자'들에게 부실 대출을 부당하게 강행하고 말았다.

삼부토건이라는 회사의 규모에 비해 한꺼번에 너무 많은 대형개발사업을 추진하는 것 자체가 상당히 높은 사업리스크를 내포하고 있었지만, 그 대형 개발프로젝트가 모두 불법과 부정의 복마전으로 시작되었기 때문에 애초부터 사업이 예정대로 제때 진행될 리가 없었다.

삼부토건이 참여한 이와 같은 대부분의 PF사업은 사업대상 토지도 제대로 확보하지 못한 상태였거나 분양조건들이 매우 열악한 상태로 1, 2차 금융기관들로부터 수천억 원씩의 PF대출을 무리하게 받은 것이었기 때문에 사업 진행은 지체되고 연 10%의 고율의 이자부담만 쌓여 갔다. 당연히 회사의 건전했던 보유자산만 부실화되기 시작했다. 급기야 2011년 4월이 되어서는 고율의 이자를 더 이상 지급할 수 없는 상태에 이르자 기업회생절차 신청과 취소를 자의 반 타의 반으로 거듭하며 그해 7월 르네상스호텔과 그 부지를 담보로 채권은행단으로부터 7,500억 원에 이르는 협조융자를 받아 그들 제1 금융기관들의 채권을 한 곳으로 몰아 주었고, 회사는 채권은행단과 이른바 언

발에 오줌 누기식 '자율협약'을 체결하여 조남욱 회장의 경영권
은 계속 유지되었다.

기업 부실화가 점점 더 가중되고 이른바 자율협약이라는
채권은행단과의 '재무개선특별약정'을 맺은 이후에도 조 회장
부자는 회사의 실질적 재무개선을 위한 의미 있는 자산구조조
정이나 혁신조치를 취하기는커녕, 줄곧 그들 대주주 일가들만
의 경영권 싸움과 기업 부실화 과정에 대한 서로 간의 책임 전
가에만 전력을 쏟았다. 회사에 떠돌던 소문에 의하면 2008년 무
렵 조시연 부사장은 부친으로부터 곧바로 경영권을 승계받으려
했지만, 회장의 동생 조남원 부회장과 다른 친척들은 차남 조시
연 등의 3세들이 아직 경영 능력이 부족한 점이 많기 때문에 조
회장의 유고 시에는 회장직을 조남원 부회장에게 일정 기간동
안 넘기는 것이 마땅하다고 주장했다.

이러한 주장은 전례에 따른 것이기도 했다. 1980년대 창업
자인 조정구 대표이사 회장으로부터 그 아들인 조남욱 대표이
사 회장으로 경영권이 승계되는 과정에서 그 중간에 일정 기
간동안 창업자의 동생인 조창구 씨가 삼부토건 회장직을 수행
했다. 조창구 회장은 회사 내에서 형과 함께 삼부토건을 건립
해 성장시킨 주역으로 평가받았다.* 이후에 물론 그들 간의 이

*
삼부토건의 법률고문이었던 정진규 전 고검장은 조남욱
회장의 막내 동생이었던 조경구씨 사위이다.

런 대립되는 주장들은 양자 간에 타협점을 찾아 순조로운 협의가 진행될 리 만무했고, 조 회장 부자는 오히려 조남원 부회장이 '헌인마을개발사업'이나 '카자흐스탄 주상복합단지개발사업' 등을 추진하면서 회사 사업자금을 빼돌리거나 별도의 회사를 만들어 분리 독립해 나가려고 한다는 의심의 눈초리만 보내고 있었다.

더구나 조 부회장과 건축본부장 정모씨가 주도하여 추진하던 두 개의 대형 사업들이 시간이 흐를수록 제대로 진행되는 것 없이 회사의 부실화만 가중시키고(물론 조시연이 주도했던 유러피안리조트 개발사업과 같은 PF사업들은 훨씬 더 심각한 문제들을 안고 있었음), 급기야 2011년 6월 기업회생절차 신청을 철회하고 채권단과 자율협약까지 체결하게 되는 지경에 이르자, 조 회장 부자는 먼저 조남원 부회장과 그의 측근으로 여겨졌던 건축본부장 정모씨에게 회사 부실화의 책임을 일방적으로 묻기 시작했다. 특히 조시연은 그 당시 자신의 한 부하 직원에게 매일 작은 아버지인 조남원 부회장을 비난하는 글을 써서 조남욱 회장의 집무실 책상 위에 가져다 놓으라는 황당한 지시를 내리기까지 했다.

조시연은 자기 몸에 묻어 있었던 역겨운 냄새를 조금도 맡지 않았고, 회사가 부실화된 원인을 오직 조남원 부회장과 건축본부장 정모씨의 '사업 관련 비리' 때문이라고 확신하고 있었다. 이런 확정 편향에 따른 조시연의 지시로 기획실 부장, 건축부 부장 등 최측근 부하 직원들이 부지런히 움직였다. '서초동 마당발'로 통했던 '이상중* 법률사무소'가 있었던 검찰청 앞 정곡빌딩으로 조 부회장과 건축본부장 정모씨의 추진사업 문건들이 비밀리에 건너가 검토 정리되어 검찰의 내사 자료가 되는 듯했고, 다시 그 첩보들은 유러피안리조트 시행사 대표 성모씨에게 고발자료로 넘겨졌다. 아래는 이런 사실과 정황들을 파악할 수 있는 삼부토건 기획실 이모 부장과 유러피안리조트 서울사업소 사업기획부 방모 과장의 2013년 수원지검 진술조서 중의 일부이다.

2013. 8. 12. 참고인 방모씨 4회차 진술조서(p6)

문(검사) 유러피안 리조트 시공사 삼부토건 부장 이○○이 시행사 유러피안 대표 성○○으로부터 대가성 활동비를 제공받았다면, 이는 어떠한 문제점이 있는가요.

답(방모씨) 부장 이○○은 리조트사업과 관련하여 시행사인 유러피안 자금 집행을 관리, 감독할 위치에 있는 자로서 유러피안 대표 성○○으로부터 돈을 받거나 향응을 제공받

*
이상중 변호사와 조시연, 최은순, 윤석열, 문강배 등과의 관계에 대해서는 앞 장에서 언급하였다.

고 관련 내부정보를 유출하는 등 도움을 준 것이므로 본연의 업무를 위배한 행위를 한 것으로 보입니다. 저는 오늘 출석하면서 부장 이○○, 삼부토건 용○○이 유러피안 대표 성○○에게 불법으로 제공한 자료 목록을 가지고 왔는데, 이를 참고 자료로 제출하겠습니다.

문 진술인은 언제, 어떠한 경로로 삼부토건 부장 이○○, 용○○이 유러피안 대표 성○○에게 제공한 문서의 존재 및 현황을 알았는가요.

답 제가 유러피안 서울 사무소에서 사업기획부 과장으로 재직할 당시 대표 성○○가 삼부토건 이○○, 용○○으로부터 헌인마을 PF사업 등 자료를 전달받았고, 대표 성○○는 저에게 이와 같이 전달받은 자료를 토대로 삼부토건 부회장, 정○○ 전무, 각 사업장 별 시행사 대표이사, 유러피안에 적대적인 삼부토건 각 부서별 실무자 등을 업무상배임 횡령으로 수사기관에 고소장을 작성하는 용도로 사용하도록 지시하였습니다. 당시 (헌인마을 시행사 삼전개발 대표) 용○○은 삼부토건 사내 인트라넷 아이디와 비밀번호를 알려줘 제가 유러피안 서울사무소에서 삼부토건 사내 인트라넷 사이트에 접속하여 외부 접근이 금지된 내부 자료를 열람하거나 필요한 자료를 출력하여 활용하였습니다.

2013. 10. 14. 피의자 이○○ 삼부토건 기획실 부장

수원지검 진술조서(p14)

문(검사) 유러피안 사무실을 압수할 당시 삼부토건의 내부 자료 등이 많이 발견된 사실이 있고, 일각에서는 성○○가 유러피안 사업과 관련하여 삼부토건을 압박하기 위해 심지 어 적대적 인수합병까지 계획한 서류가 있는데 피의자가 삼부토건의 내부자료를 성○○에게 유출해주는 등으로 협 조했다는 말도 들리는데 그에 대한 대가로 돈을 받은 것은 아닌가요.

답(이○○) 조시연 전무의 지시로 유러피안 측의 성○○에 게 일부 자료를 전달한 적은 있으나 그렇다고 돈을 받은 사 실은 없습니다.

문 무슨 자료를 전달하였나요.

답 2010년 전후하여 조시연 전무의 지시로 서울 내곡동 '헌인마을 도시개발사업'과 '파주 아파트사업'과 관련하여 설계 관련 서류, 사업추진개요서, 사업 구조 등을 봉투에 담 아서 서울 강남구 역삼동 유러피안 사무실에 찾아가서 성 ○○에게 직접 전달한 적이 서너 번 있었습니다.

문 그 이외에 카자흐스탄 사업과 관련한 서류도 전달하지 않았나요.

답 제가 전달한 것은 헌인마을과 파주아파트 사업이었습 니다.

문 모두 부실화된 사업장인가요.

답 헌인마을은 부실화 되었지만 파주 아파트 사업은 제가 근무할 당시까지 2,000세대 중 100세대를 제외하고는 모두 분양되어 성공적인 사업이었습니다. 그런데 헌인마을과 관련하여 부담이 너무 커서 회사가 어려워진 것입니다.

문 조시연이 무슨 이유로 성○○에게 삼부토건 내부 문서를 전달하였나요.

답 조시연 전무가 성○○에게 뿐 아니라 다른 직원을 시켜 법률사무소에도 비슷한 문서를 전달한 것으로 알고 있습니다.* 저는 시키는 입장에서 심부름만 하였지만 그 당시 조시연 전무가 위와 같이 부실화된 사업과 관련하여 .....자의 의견을 듣고 싶어서 문서를 전달해준 것으로 알고 있습니다.

문 성○○가 그렇게 전문성이 있나요.

답 그건 제가 판단할 문제가 아니었습니다.

문 피의자가 전달해준 문서가 회사 밖으로 유출되어도 되는 문서인가요.

답 성○○에게 전달한 문서 중에 내부 품의문서 등은 기밀서류가 맞습니다만 설마 오너의 아들인 조시연이 회사에 해가 되는 일을 시키지는 않을 거라고 생각하였습니다. 거부할 입장도 아니었고요.

문 그렇게 유출된 문서 때문에 회사에 어려운 문제가 처한 적이 있지 않았나요.

답 예. 2011년 말경 서울중앙지검 특수부에서 삼부토건에 대하여 압수수색을 하였고 저도 불려가서 조사를 받는 등 회사에 많은 어려움이 있었습니다.

2011년 6월 말경 조 부사장은 조직폭력배 출신의 유러피안리조트 시행사 대표인 성모씨에게 조 부회장을 비롯한 그들의 공적들, 즉 삼부토건 건축본부장 정모 전무, 황석천 헌인마을 시행사 대표 등 20여 명의 해당 사업관련자들에 대한 고발장도 검찰에 제출하도록 했다. 성모씨는 이후 10월에 있었던 삼부토건 수사 과정에서 당시 서울중앙지검 특수부에서 그곳 수사관들에게 협력하고 있던 모습이 참고인 조사를 받았던 직원들에 의해 종종 목격되었다. 여하튼 이때 서울중앙지검 특수2부(부장검사 한동영: 연수원 23기)가 내사한 것은 조남원 부회장과 정모 전무가 주도했던 '헌인마을 개발사업'과 '카자흐스탄 복합

*

여기서 말하는 법률사무소는 이상중 법률사무소를 의미하며, 다른 직원들이란 기획실의 S부장과 법무팀의 J부장을 지칭한다. S부장은 2011년 압수수색 이전에 조시연의 지시로 이상중에게 회사의 사업관련 서류를 서너 번 가져가 주었다고 했고, J부장 역시 그의 지시로 이상중에게 몇 번 서류를 가져가 주었다고 증언했다.

단지 개발사업', '파주교하 운정지구 아파트사업'의 자금집행을 통해 조 부회장 및 건축사업 본부장 정 전무 등의 임원진이 수백억 원의 회삿돈을 빼돌리고, 관련 사업 시행사 대표였던 황석천(헌인마을사업), 박모씨(카자흐스탄 K-A사업), 조모씨(파주교하 운정지구 아파트 개발사업) 등도 그들과 각각 공모하여 수백억 원을 횡령한 혐의였다.

앞서 언급했듯이 당시 윤석열 검사는 2010년 7월부터 2011년 7월까지는 대검 중수2과장, 2011년 8월부터 2012년 6월까지는 대검 중수1과장으로 재직하고 있었고, 후일에 삼부의 법률고문으로 임명된 최교일은 2011년 8월부터 2013년 4월까지 서울중앙지검장으로 근무하고 있었다.

2011년 10월 6일, 드디어 삼부토건 본사에 대한 서울중앙지검 특수2부의 대대적인 압수수색이 실시되었다. 압색 당시 특수부 수사관은 제일 먼저 조 부사장의 최측근이었던 기획실 부장 이모씨의 자리가 어디인지 물었고 그의 컴퓨터에 있던 자료부터 우선 확보했다. 그로부터 근 두 달여간 수사 대상 사업의 업무를 담당했던 회사 대부분의 직원들이 특수부에 불려가 장시간의 고압적이고 거친 조사를 받았다. 헌인마을 사업 관련 담당 수사 검사는 김종오 검사였고, 카자흐스탄 사업 관련 담당 검사는 이방현 검사, 파주교하 운정지구 아파트 관련 담당 검사는 원형문 검사였다. 검찰수사를 받았던 헌인마을사업 담당 직원은 그 당시 관련 내용에 대한 검찰 진술서 작성 이후에 담당 검사인 김종오

방에 별도로 불려가 다음과 같은 말까지 들었다고 했다.

"조시연 부사장이 회사를 '클린 컴퍼니'로 만들려고 노력하
는데 당신들이 협조를 제대로 안 하고 있다."

당연히 청부 수사로까지 의심되는 수사 검사와 조시연 부
사장과의 부적절한 관계가 드러나는 발언이었다. 카자흐스탄
사업 관련으로 검찰수사를 10여 차례 이상 받았던 또 다른 직원
도 증언해 주었다.

"수사관들이 당시 수사의 목적이 회사의 전체적인 비리 혐
의가 아니라 조남원 부회장 측의 비리 혐의만을 밝히는 것에 주
력했다."

실제 수사가 진행되는 과정 또한 처음 한 달간은 관련 직원
들을 먼저 집중적으로 조사하고, 그 다음 11월 중순부터는 건축
본부장인 정모 전무를 표적으로 삼아 수차례 불러 확인 과정을
거쳤고, 12월 중순쯤 마지막으로 조남원 부회장을 불러 이틀간
조사했다.

다시 돌아가 조시연 측의 첩보 제공과 고발에 의해 '배임 및
횡령, 외감법 위반 등의 혐의'로 2011년 10월 6일 서울중앙지검
특수2부의 대대적인 압수수색을 받게 된 삼부토건 임직원들은
일부 소수를 제외하고 처음에는 당시 수사의 동기와 표적을 제
대로 이해하지 못했다. 그러나 조 회장은 마치 미리 수사에 대
한 만반의 대비태세를 갖추거나 한 것처럼 압수수색 이후 곧바
로 법무법인 원의 대표인 유재만 변호사와 검찰 단계까지 착수

금 7,000만 원, 성공보수 1~2억 원의 조건으로 수임 계약을 체결하도록 했다. 앞서 조시연의 측근들에게 압수수색 이전 미리 회사의 사업 관련 서류들을 건네받았던 이상중 변호사가 이후 2017년경부터 '법무법인 원'에 결합하여 일하고 있는 것은 결코 우연만은 아닌 것으로 여겨졌다.

당시 '원'의 유재만 변호사는 연수원 16기로 2004년 대검 중수부 과장, 2005년 서울중앙지검 특수1부장 등의 요직을 거치고 개업한 대표적인 전관 변호사였다. 조남원 부회장은 당시 황교안 변호사가 형사사건 고문으로 있었던 법무법인 태평양도 회사의 변호인으로 선임하고 싶어 했지만, 10월 11일 조 부회장과 황교안을 포함한 양자 핵심 인사들 간의 협의만 이루어졌을 뿐 회장의 반대로 공동수임은 불발되고 말았다. 그는 할 수 없이 회사의 도움 없이 혼자서 개인 변호사를 선임하여 대처할 수밖에 없었다.

사실상 검찰의 인지로 시작된 수사는 피고발인에 대한 특정이 되어 있지 않았지만, 수사 대상이 된 사업들과 압수해 간 서류들이 조남원 부회장과 건축본부장 정모 전무가 관련된 사업들이었고, 담당 검사와 수사관들의 심문 또한 그 부분에만 집중되어 있었기 때문에 표적 대상은 오래지 않아 드러났다. 더구나 회사와 수임계약을 체결한 유재만 변호사는 처음에는 마치 조 회장 부자의 하수인처럼 행동했다. 특수부 검찰의 욕설을 동반한 거친 심문으로 불안해하는 임직원들을 변호하는 것에는 관심이 없었고, 심지어 조 부회장에 대한 변호 목적이 검찰에 범죄를 인정하고 선처를 받아 집행유예를 받도록 하는 것에 있다는 말까지 했다.

유 변호사는 10월 중순 한발 더 나아가서는 유력 언론에 "조 부회장과 정모 전무가 사업추진 과정에서 수백억 원을 횡령했다는 의혹으로 특수부 수사를 받고 있다."는 정보까지 흘렸고 이는 언론에 그대로 보도되었다.* 퇴직이 얼마 남지 않았던 회사의 법무팀장은 이런 몰지각한 변호사의 행동에 분기탱천하여 조 부회장의 결재를 받아 그에게 항의 서한까지 전달하는 지경에 이르렀다. 조 부회장을 비롯한 조 부사장의 공적들은 그 때 명확히 조남욱 부자가 자신들만을 옭아매어 넣고 부실의 책임마저 전부 떠넘기려고 기획된 수사임을 눈치채고도 남았다. 2011년 12월 13일 당시 한 TV 언론은 눈치도 없이 이런 보도까지 하고 말았다.

"검찰은 삼부토건이 헌인마을 사업의 시행사를 인수하면서 10배 이상 높은 가격에 사들이는 수법으로 수백억 원대의 비자

*
2011. 12. 13. 〈TV조선 단독 / 삼부토건, 헌인마을 재개발 사업 로비 수사〉 서울 내곡동 헌인마을 사업 인허가와 전환 추진 과정에서 조남원 부회장과 건축본부장 정모 전무 주도로 서초구청을 상대로 수억 원 대의 로비를 벌인 정황을 검찰이 포착했다는 내용임.

금을 조성했고, 이 비자금의 일부를 로비에 사용한 사실을 확인했습니다. 검찰은 또 파주 교하지구와 카자흐스탄 알마티 개발사업 등을 추진하면서 수백억 원을 횡령한 부분도 확인한 것으로 전해졌습니다. 앞서 조남욱 회장은 동생인 조남원 부회장과 임직원 10여 명을 횡령과 배임 혐의로 검찰에 고발했습니다."

조남욱 회장에게는 특히 마지막에 '조 회장이 동생인 부회장을 고발했다는 내용'은 사실관계를 떠나 보도되어서는 안 되는 일이었다.

특수2부의 대략적인 수사진행 과정은 이미 언급한 바와 같이 2011년 10월 6일 압수수색을 시작으로 처음 40여 일간 관련 사업담당 직원들을 차례로 불러 진술을 받은 후, 11월 11일부터 핵심 피의자인 전 건축사업본부장이었던 정모 전무*를 소환해 조사하기 시작했고, 12월 14일 최초 표적이었던 조 부회장을 마지막으로 소환해 이틀간 조사하는 것으로 마무리되었다. 그런데 처음 한 달여간 거칠고 엄혹했던 검찰수사 분위기는 정모 전무 또는 SM종건 대표 장모씨가 선임했다는 한 사람의 전관 변호사로 인해 바뀌기 시작했다. 그리고 조남욱 회장의 추천으로 회사가 선임했던 유재만 변호사의 부적절한 변호 행태도 변했다.

불과 한두 달 전까지 대검 기획조정부장으로 있다가 검찰을 나온 '전관예우' 홍만표 변호사가 등장한 것이었다. 여기저기 들리는 얘기로 정모 전무와 SM종합건설 장모 대표가 거액을 주고 수임 계약을 체결했다는 홍만표 변호사는 특수2부의 수사 방향을 충분히 뒤흔들어 놓을 수 있는 기제가 된 것이었다. 1959년생으로 성균관대 법대를 졸업한 홍만표는 서울지검 특수부를 두루 거친 뒤 2003년 8월부터 대검 수사기획과장, 중수 2과장을 지냈으며, 2009년 대검 중수부 수사기획관으로 근무하면서는 노무현 전 대통령에 대한 수사에도 참여했다. 그 후 2015년에 그는 정운호 게이트에 연루되어 세금탈루 및 몰래변론 혐의로 기소되어 실형을 선고받았던 인물이었다.

　관련된 사업담당 직원들에 대한 조사와 진술로 인해, 건축사업 본부장이었던 정모 전무는 당시 11월 11일경부터 수사관들로부터 집중 추궁을 받고 궁지에 몰려 있었다. 카자흐스탄 K-A 프로젝트 사업의 소송 과정에서 현지 판검사들에게 뇌물을 주는 등 관련된 사업담당 직원들은 모두 그의 지시에 따라 업무를 처리했다고 진술했다. 파주교하 아파트 사업에 있어서도 그는 시행사의 지분을 몰래 보유한 상태에서 삼부토건의 공동사업자로 참여했고, 또 시공사인 삼부토건과 사업 이익금을 분배하는 계약을 체결하여 150억 원 이상의 돈을 챙겨 간 증거들이 드러나고 있었다. 11월 16일 관련 직원으로부터 증거인멸의 정황까지 진술받았다. 그러나 이것까지였다. 11월 말부터 수사관들이 회사의 참고인들을 대하는 분위기는 이전보다 훨씬 부드러워졌기

*
당시 건축본부장 정모 전무는 후계자 조시연의 표적이 되어 이미 회사를 그만둔 상태였다.

때문이었다. 홍만표 검사가 검찰을 사직한 이후로 첫 번째 수임한 사건이었다는 위력이 제대로 발휘되는 순간이었을 것이다.

홍만표 변호사는 우선 절친 유재만 변호사의 변호 방향부터 변화시킨 것으로 보인다. 2006년 먼저 검찰을 사직했던 유재만은 사법연수원 16기로 17기 홍만표보다 기수는 빨랐지만, 나이는 네 살이 어렸다. 그들은 또 2004년 대검 시절 함께 중수1과장과 2과장 지냈고, 2005년에도 함께 서울중앙지검 특수1부장과 특수3부장으로 근무했다. 당시에 홍만표는 또한 대검 중수부 기획조정관으로 있으면서 '검경 수사권 조정'과 관련해 검찰의 입장을 대변했기 때문에 그에 대해 후배 검사들이 보내고 있던 두터운 전관예우의 신망도 무시할 수 없는 입장이었을 것으로 보였다. 이렇게 홍만표와 유재만의 상호 협력관계가 원만히 이루어지자 특수2부장 한동영의 수사 진행에 영향을 끼치는 것은 별로 어려워 보이지 않았다. 1961년생인 한동영은 연수원 23기로 그들 특수부의 까마득한 후배 검사이기도 했지만, 한편으론 1963년생인 유재만의 전주고등학교 선배였고, 1959년생인 홍만표의 성대 법대 후배였기 때문이었다.

실제 그들 3자의 관계에 대해 당시 유재만 변호사의 사무실을 이틀에 한 번꼴로 드나들었던 회사 법무팀 관계자는 이렇게 증언해 주었다. 유재만이 홍만표와 전화하는 것을 옆에서 들으니 그들 3명은 모두 말을 놓는 친구 관계로 보였다.* 그들은 또 자주 술을 먹는 관계로 보였으며, 수사가 한창 진행 중일 때 한

번은 유재만이 홍만표한테 전화로 "야, 오늘 한동영이하고 한잔하자." 이런 식으로 말하기도 했었는데 그때 그들의 연고 관계를 알아보고 그 정도의 '야자관계'라면 서로 친구 간임을 확신하게 되었다. 이렇게 홍만표의 수임 계약은 해당 사건에 상당한 힘을 발휘했다. 당시 카자흐스탄 사업 관련으로 조사를 받았던 한 직원도 이렇게 말했다.

"2011년 10월 27일에 귀국하여 그때부터 특수2부에 불려가 14차례 정도 조사를 받았다. 처음 10여 차례의 조사에서는 검사나 수사관들의 말과 태도가 지나치게 거칠고 고압적이었는데, 그 이후로 갑자기 수사관들의 심문 태도가 이전보다 훨씬 부드러운 태도로 변했다."

이처럼 삼부토건이 진행했던 다수의 부실 사업 중에 오직 조남원 부회장과 정모 전무 측이 진행했던 헌인마을개발사업, 카자흐스탄사업 등에 대한 일방적인 표적 수사가 진행되자, 그들과 협력관계에 있었던 헌인마을사업 시행사 우리강남PFV, 아르웬 황석천 대표의 반발과 저항 또한 만만치 않게 나타났다.

*
실제 이들의 나이, 학번, 사법연수원 기수는 마구 뒤섞여 있다.
윤석열 검사 또한 60년생, 사법연수원 23기로 이들과 나이,
기수 등에서 별 차이가 없어 보이며, 특히 9수 끝에 사시에
합격한 윤검은 한동영과 연수원 23기 동기이고 나이 또한
1살 차이로 비슷하다.

그의 주도로 헌인마을사업 조합원들로 구성된 한센인들이 삼부토건 본사와 서울르네상스호텔, 검찰청 앞에서 집단적 시위를 벌이기 시작했다. 아르웬 대표 황석천은 헌인마을사업의 당초 시행사 대표였으나, 사업추진과정에서 삼부토건과 다툼이 생겨 다수의 소송전을 벌여 대부분 패소하고 사업 시행에서 배제되었다. 그러나 훗날 그는 후계자 조시연과 유러피안리조트 사업 시행사 성모 대표의 범죄 혐의에 대해 수원지검에 고발장과 진정서를 제출함으로써 그들이 사법적 처벌을 받는데 결정적 역할을 했다. 그는 나에게 이렇게 말했다.

"그들을 서울중앙지검이 아니라 수원지검에 고발한 것은 서울중앙지검은 조남욱 회장의 로비력이 통하는 곳이라 제대로 조사할 가능성이 없었기 때문이었다."

11월 23일경 촬영된 그들의 집회 시위 현수막과 피켓 문구에도 특수2부가 명확한 표적 수사임을 드러내고 있었다.

'조시연 부사장 사주받은 표적수사 즉각 중단하라',

'경영권 분쟁으로 헌인마을사업 망쳐놓고 그것도 우리 탓이냐?',

'삼부토건은 경영권 싸움에 헌인마을 이용하는 것을 중단하고 즉각 철수하라',

'조시연 부사장의 비자금 의혹, 유러피안리조트도 조사하라',

'힘없고 불쌍한 한센인만 괴롭히지 말고 부실기업 회장과

검찰의 표적수사에 반발하는
헌인마을 주민들의 집단시위
(2011. 11. 23.)

아들도 조사하라'.

삼부토건 수사에 대한 본질이 이런 상황으로까지 드러나게 되자, 조남욱 회장과 검찰 또한 더 이상의 표적 수사를 강행해 나가기가 쉽지 않다고 판단했을 듯 했다.

결국 홍만표 변호사의 수임계약과 더불어 수사와 사건의 본질 또한 드러날 우려에 처하게 되자, 이후 수사 진행은 그해 12월이 되자 당초의 표적에서 수사의 방향은 사건을 통째로 덮어버리고 마는 분위기로 확실히 전환된 듯했다. 특수부 수사관들은 조사를 받으러 간 직원들에게 농담조의 말까지 건네는 형국이었다.

"회장님과 부회장님이 싸움은 잘하고 계시죠?" 막판에 또 카자흐스탄사업 수사 담당 검사인 이방현은 그동안 수사관들이 험한 말을 내뱉으면서 수사했던 것을 무마시키기라도 하듯 뒤탈을 없애는 차원에서 카자흐스탄사업 담당 직원에게 직접 위로의 말들도 건네주었다. 특수2부가 회사의 공사 수주과정에서 카자흐스탄 공무원들에게 뇌물을 준 것에 대해 외환관리법 위반 혐의를 적용하여 건축본부장 정모 전무와 조남원 부회장을 처벌하려고 해도 그 모든 것들은 조남욱 회장의 결재를 받고 집행된 것이었기 때문에, 오직 그들만을 처벌하기가 곤란했을지도 모를 일이었다.

한편 2022년 2월 오마이뉴스에 보도된 '조시연이 지인 한중전 씨와 나눈 대화 녹취록'에 따르면, 조시연은 2011년 서울중앙지검 특수2부 수사가 진행되는 과정을 이런 식으로 주장하고 있었다. 조남원 부회장과 건축본부장 정모 씨의 범죄 혐의가 윤석열에게 이미 포착되어 있었고 그런 사정을 잘 아는 윤석열이 부회장과 그 측근들을 처벌하려 수사가 시작되었다. 그래서 그 당시 조남원 부회장이 관련 범죄 혐의를 갑자기 순순히 시인하게 되었고, "아버지가 나한테 심부름시켜서 '너는 무조건 윤석열이한테 가서 작은아버지 봐달라'고 그 얘기만 하라"고 했다는 것이었다. 그러면서 또 당시 윤석열은 "이건 선을 넘은 거라 못봐주겠다."는 입장이었는데 조남욱 회장은 무조건 봐 달라고 그러면서, "내가 애를 6·25 때 살려냈는데 어떻게 죽이려고"라고 하면서, 조남원 부회장 안 자르면 회사 망한다는 윤석열과 끝까지 부딪쳤다는 것이었다.

이런 주장 등으로 미루어 보면 조남원 부회장의 처벌 문제에 관해서 조남욱 회장과 조시연이나 윤석열의 입장은 서로 간 상당 부분 달랐을 것으로도 보인다. 평소 윤검과 호형호제하며 그에게 경영 코치까지 받았다는 조시연은 당연히 윤석열과 동일한 입장이었지만, 해당 수사는 당시 피의자들의 변호인이었던 홍만표 변호사와 조남욱 회장이 마지막에 의뢰한 또 다른 누군가에 의해 좌우될 운명이었다.*

이런 난감한 상황이 되자, 조남욱 회장은 자신을 위해서인지 동생을 위해서인지 정확히는 모르겠지만 또 한 명의 고위직 전관을 추천하여 회사 기획실장으로 하여금 변호사 수임계약을 체결하도록 했다. 이번에는 전 검찰총장이었던 '정상명' 동양대학교 행정경찰학부 석좌교수였다. 보수는 착수금 5,000만 원, 검찰 단계 종료시까지 성공보수 1억 원이었지만 형식은 마치 일정기간 자문계약을 체결하는 방식이었다. 계약일은 12월 6일이었고 성공보수 1억 원이 지급된 날짜는 2012년 2월 24일경이었다. 결국 2011년 10월에 시작된 특수2부의 표적수사는 이런저런 우여곡절을 겪으면서 12월 14일 조남원 부회장이 참고인 조사를 받고, 그해 말에 종료된 것으로 보였다. 회사의 임직원 30여 명 이상이 대대적인 수사를 받고도 표면적으로는 검찰이 어떤 혐의자도 기소하지 않았기 때문에 유재만, 홍만표, 정상명 등의 피의자 측 변호인들은 모두 성공보수를 받아갔다. 홍만표 변호사가 받은 돈은 적어도 10억 원은 넘을 것이라는 소문이 무성했고, 유재만 변호사도 수임 계약상의 금액인 2억 7천만 원보다는 훨씬 많은 돈을 받아 간 것으로 법무팀 직원들은 짐작하고 있었다.

삼부토건이 헌인마을 사업에 투자한 돈은 원금 3,220억 원과 이자 1,793억 원을 합쳐 5,000여억 원이었으나 나중에 최종적으로 2,000여억 원만 회수할 수 있었고, 카자흐스탄 주거복합단지에는 원금과 이자를 합쳐 2,216억 원을 투입하였으나 나중에는 200억 원만을 회수할 수 있는 지경에 이르렀다. 또 정모 전무는 자기 딸의 차명을 이용하여 '미래가'라는 시행회사를 설립, 파주교하 운정지구 아파트사업의 시행사로 참여하여 상당한 돈을 챙겨간 것으로 회사에 소문이 파다했지만, 조시연 부사장의 청부에 의해 단행된 것으로 보이는 2011년 서울중앙지검 특수2부의 해당 사건에 대한 모든 수사는 기소나 무혐의 처분 등의 명확한 종결 소식도 없이 그렇게 흐지부지 마무리되었다. 검찰로부터 어떠한 통보도 받지 못했던 회사는 2012년 2월 17일 단지 "검찰로부터 압수물 전체를 반환받았으며 그때까지 사법 처리된 임직원이 없다."고 금융감독원 공시시스템에 공시했다.

이후에도 검찰의 당시 수사에 대한 종결이나 결과를 회사가 명확히 공시해야 했는데, 한국거래소의 지속적인 요구에도 불구하고 회사는 종결 공시를 장기간 못하는 실정에 놓여 있었다. 회사의 재경부 담당자 또한 검찰에 여러 번 전화해 종결확인서를 발급해 달라고 요청했으나 검찰은 '인지수사'이기 때문에 '종결확인서'를 끊어주지 못한다는 답변만 되풀이했다. 결국 회사는 최종적으로 담당 변호사인 유재만에게 "이 건은 사실상 종결되었음을 확인해 드립니다."라는 소송대리인의 확인

*

조시연은 '한중전 녹취록'에서 윤석열이 결국 못 봐주겠다고 계속 우기면서 조시연과 교류까지 중단하겠다고 선언하자, 조남욱 부자는 또 다른 대안을 찾아 결국 사건을 덮었다고 했는데, 그의 주장에 따르면 그 대상은 그 당시의 검찰총장이었다.

을 받아 이를 한국거래소에 제출하였다. 결국 이 사건은 유러피안 성모 대표 또는 조남욱 회장에 의한 고발사건이 아니라 검찰의 '인지사건'이었다.

이것으로 2011년 말 검찰수사는 모두 그대로 덮인 것으로 취급받았다. 자신만의 이상한 '클린 컴퍼니'를 만들려고 했던 후계자 조시연 부사장의 황당한 비밀 작업들은 채권단과의 자율협약의 어려움과 고통을 극복하고 회사를 다시 재건할 수 있는 기반까지 무너뜨렸고 직원들에게 그나마 남아있던 근로 의욕을 바닥까지 떨어뜨렸다. 검사들의 뒷배로 솟아오른 그의 기고만장함 또한 사그라들어 점점 풀이 죽은 모습으로 바뀌기 시작했다. 또 이즈음 조남욱 회장은 2009년 설 명절부터 2013년 추석 명절까지 매해 윤석열 검사에게 정육을 선물로 보내고 있었고,* 2010년 9월 27일, 2010년 1월 15일, 2011년 8월 13일에는 윤석열 검사와 서울르네상스호텔 만찬을, 2011년 4월 2일에는 골프를 쳤다. 그리고 2012년 3월에는 윤석열과 김건희의 결혼식에 화환을 보내고 결혼식에도 다녀왔다. 게다가 2022년 1월 조시연이 지인 한중전씨와 나눈 대화 녹취록에서는 윤석열 검사가 2011년 당시 대검찰청에 있으면서 서울중앙지검 특수부의 삼부토건 수사에 간여했다는 의미의 말도 들어 있었다.

"그때 수사는 누가 한거야?"

"윤총(윤석열 검찰총장)도 있었고, 서울중앙지검이 했죠. 그때는 윤총이 소속하고 관계없이 대검에서 활동하고 있었거든. 소속은 어디 소속됐었는데 실제로는 대검에서 청와대 왔다 갔다 하면서 활동했지."

*

2012년 설 명절 선물 거래명세: 갈비 5kg 325,000원(노태우), 정육 5kg 295,000(노태우, 김종필, 이상득, 윤석열, 김각영), 굴비 190,000원, 메론 9만 원, 과일 6만 원, 김 5만 원(황하영, 유재만).

수원지검의 조시연 수사와
추가 의혹들

2011년 10월 서울중앙지검 특수2부의 표적 수사를 통해 자신만의 클린 컴퍼니를 창조해 나가려 했던 조시연 부사장의 패악질은 검찰을 동원한 한바탕의 난리법석을 떨고 난 직후였던 2012년에도 사실 그렇게 잦아들지는 않았다. 겨우 매출 5,000억 원에 지나지 않는 회사가 여전히 채권단에게 연 800억 원이나 되는 이자를 지급해야 하고 임금까지 체불되기 시작한 어려운 회사 상황이었음에도 그는 회사 현장의 관리부장이나 소장들을 압박하여 비자금을 마련하도록 지시, 매월 상시적인 불법 상납을 계속 받아 갔다. 확인한 바에 의하면, 조시연은 2007년경부터 2014년까지 지속적으로 공사 현장 책임자들에 문자를 보내거나 전화를 걸어 1회당 수백만 원씩의 현금을 직접 상납받거나, 직원들이 전혀 알지도 못하는 이모 씨나 최모 씨 등의 계좌로 매월 수백만 원씩의 현금을 입금시키도록 지시했으며, 회장 후계자의 지시를 받은 현장 간부들은 어쩔 수 없이 이를 상납하고 그 비용은 현장 장비대나 유류비 등의 명목으로 처리했다. 직원들은 또 위의 이모 씨나 최모 씨의 계좌를 일명 '대포통장'이라고 지칭했는데, 이 대포통장 계좌는 필자가 2013년에 있었던 조시연과 유러피안 성모 대표에 대한 수원지검 수사 조서를 통해 파악한 것에 따르면, 강남 룸싸롱에 있었던 술집 마담이나 소사장의 계좌였다.

조남욱 회장의 지시로 검사들과 계속 어울려 다닌다는 소문은 그때도 그치지 않았고, 서울르네상스호텔에서도 그러한 장면들이 운전기사들에 의해 빈번히 목격되었다. 한편으론 그 당시 회사는 '임금체불'에 허덕이기 시작했는데도 조시연 자신이 직접 추진해왔던 '유러피안리조트 개발사업'과 '타니 골프장 조성사업'에 대해서는 회삿돈을 빼내 사업을 재개시키기 위해 온갖 수단과 방법을 동원했다. 측근인 기획실 부장 이모 씨의 문건에서는 유러피안리조트 시행사 성대표 등과 공모하여 삼부토건을 공중분해 시키고 후계자 조시연이 만든 새로운 회사로 삼부토건의 돈과 자산을 모두 빼돌리려는 계획까지 세웠다는 소리가 들렸고, 이후에 그 소문의 실체 또한 드러나게 되었다.

2013년 7월경에 있었던 수원지검의 유러피안리조트 사무실 압수수색에서는 성모 시행사 대표와 조시연 부사장, 기획실 이모 부장 등이 계획했던 삼부토건에 대한 적대적 M&A 문건이 발견되고 관련 수사까지 진행되었다. 이 당시에도 조남욱 회장 부자와 자주 어울렸던 윤석열 검사는 2012년 7월 대검 중수 1과장에서 서울중앙지검 특수1부장으로 자리를 옮겼고, 그곳에서 2013년 3월까지 근무했다.

조시연과 2011년 10월 삼부토건 수사에 대한 첩보 제공 과정에서 더욱 가까워진 유러피안리조트 시행사 성모 대표는 2012년부터는 해당 사업에 대한 투자금을 회사에서 받아내기 위해 더욱 악질적인 행태를 보여주기 시작했다. 그러나 삼부토건 경영진은 시공 중인 유러피안리조트 사업이 '밑빠진 독에 물 붓기'라고 평가하고 더 이상의 지원은 곤란하다고 판단, 해당 사업에 대한 자금 지원을 중단했다. 실제 지급할 돈도 회사에 남아 있지 않았다. 그러자 성모 씨는 자기가 대표로 있는 유러피안리조트 시행사에 시공사인 삼부토건이 1,880억 원의 손해를 배상해야 한다고 주장했다. 터무니없는 주장이었다. 그리고는 조시연 부사장과 의기투합하여 2012년 4월부터는 조직폭력배 출신의 시행사 직원들을 모아와 삼부토건 본사 앞에서 집회와 시위를 벌이기 시작했다. 그들은 이런 어처구니없는 해프닝을 벌이면서도 회사가 해당 사업 진행에 필요한 자금을 지급하지 않자, 성모 씨는 마침내 그해 11월 14일 성명불상의 깡패용역 13명을 동원하여 회사에 무단으로 들어와 직원들에게 폭행

까지 자행하고 말았다. 노동조합 간부들과 충돌하고 경찰의 출동으로 상황은 종료되었지만, 후계자 조시연과 성모 대표가 저지른 만행들은 도저히 보통 사람들의 상식으로는 이해될 수 없는 것들이었다. 회사 안팎으로 강력한 비호세력이 없고서는 자행될 수 없었던 일들이기도 했다.

조시연과 깡패들의 만행을 규탄하는 즉각적인 노동조합의 성명서가 발표되었지만, 회사는 성모 대표만을 '건조물 침입과 폭행 및 특수교사 혐의'로 고소했다. 남대문경찰서의 관련 수사 또한 신속하고 강력한 처벌과는 거리가 멀어 보였다. 그리고 나서 11월 30일이 되어서야 조남욱 회장은 이사회를 통해 유러피안리조트사업 시행사와 모든 협력관계를 중단하겠다는 결정을 내렸다. 그리고는 노동조합의 반발을 무마하고자 2013년 1월, 동생인 조남원 부회장과 조시연을 부실경영에 대한 책임이라며 두 사람을 함께 퇴진시켰다. 그러나 조남원 부회장만 결국 회사를 완전히 그만둔 것이었고, 조시연은 자회사인 삼부건설공업 사장으로 전보되었다.* 물론 이 이후에도 조남원 부회장에 대한 조시연의 사납고 거칠었던 공세는 쉽게 끝날 것 같지 않았다. 유러피안리조트 성모 대표를 시켜 불과 1년 전에 검찰이 덮어

*

조시연은 계열사 사장이라는 전보 발령에도 불구하고,
삼부토건 본사 사무실에 계속 머무르며 생떼를 부렸고,
임직원들에게 계속 영향력을 발휘하려고 애를 썼다.

버리고 흐지부지 끝나는 듯했던, 조남원 부회장을 비롯한 관련 임직원들의 비리 혐의에 대해 다시 서울중앙지검에 추가고발장을 제출했다. 특수2부의 박억수 검사는 2013년 1월 8일부터 회사 임직원들을 상대로 다시 참고인 조사를 시작했다. 당시의 특수2부장은 심재돈 검사였고, 특수1부장은 윤석열 검사였다. '동생'인 조시연에게 조남원 부회장 안 짜르면 회사가 망한다고 강력히 권고했던 '형님' 윤검의 '클린 컴퍼니'를 향한 수사가 다시 시작되는 분위기였다.

2013년 1월부터 서울중앙지검 특수2부의 박억수 검사실은 파주교하 운정지구 아파트사업, 카자흐스탄개발사업, 헌인마을 개발사업 등에 대해 관련된 회사 담당 직원들을 다시 한번 차례로 소환해 조사했다. 2011년 10월과 같은 강압적인 분위기는 아니었지만, 특수2부의 이모 수사관은 2월 26일 삼부토건 사내 변호사인 조모 씨와의 면담에서 성모 대표가 새로 제출한 고소장에서 새로 확장된 부분을 조사하겠다고 했다. 2월 28일경에는 담당 검사가 박억수에서 단성한으로 교체되었고, 4월 18일에는 또 특수2부장이 심재돈 검사에서 윤대진 검사로 변경되었다. 심재돈 검사는 이때 사직해 곧바로 '김앤장'에 입사했다. 관련 사업을 담당했던 직원들은 5월 말까지 계속 조사를 받았고, 6월 7일에는 사내 변호사가 조남원 부회장을 대리하여 특수2부에 추가 의견서를 제출하였지만, 7월 29일에 특수2부의 이모 수사관은 다시 또 조남원 부회장을 비롯한 피고발인들이 공모하여 헌인마을 관련으로 회사에 수천억 원의 손실을 입힌 배임횡령 사기 등의 혐의에 대해 소명자료를 제출할 것을 요구하였다.

사내 변호사는 조남원 부회장을 대리하여 그해 8월 26일까지 관련 내용을 소명하는 답변서를 다섯 차례 정도 추가로 제출하였다. 그 후 2013년에 추가로 실시된 특수2부의 재조사는 또 다시 아무런 종결 소식도 없이 또 그렇게 흐지부지 끝나는 모양새였다. 조시연이 관련된 '한중전 녹취록'에서 이 무렵 즈음부터 절연했다고 주장하는 윤석열 검사는 그해 4월에 이미 특수1부장에서 여주지청장으로 자리를 옮겼고, 곧바로 '국정원 댓글수사 특별수사팀장'으로 파견되었다가 2013년 10월 국정원 압수수색을 상부 보고 없이 수행해 특별수사팀에서 배제되고, 2014년 1월에는 대구고검 검사로 좌천되었다. 그래서인지 조남욱 회장은 2014년 설 명절부터는 최하 등급인 '김'을 선물로 보냈다. 한동안 최고등급이었던 '정육'에서 최하로 갑작스럽게 격하된 것이었다.*

2012년 전반기부터 벌어졌었던 조시연과 유러피안 시행사 성모 대표의 막가파식 불법 깽판에도 회사가 그들에 대한 고소·고발을 주저하자, 감사실 부장으로 근무하고 있었던 조남

*

2014년 설명절 선물 거래명세: 한우갈비 5kg 40만 원(노태우, 김종필, 이상득), 한우정육 5kg 35만 원(노태우), 영광굴비 15만 원, 사과 69,500원, 재래김5속 6만 원(윤석열).

원 부회장의 아들 조모 부장은 회사 법무팀을 찾아가 거세게 항의했다. 헌인마을 전 시행사 대표 황석천도 남대문경찰서 등에 조시연의 비리혐의를 고발하고 나섰다. 삼부토건 또한 정모 사장 명의로 '유러피안리조트 분양금 사기 및 횡령 혐의'로 성모 대표를 2012년 말경 서울 금천경찰서에 고소했지만 별 소용이 없었다. 2013년 5월 삼부토건은 변호사 검토를 받아 유러피안 성 대표가 부가세환급금 85억 원까지 횡령했다는 진정도 제출했다. 이러한 회사 측의 대한 연속된 고소·고발에도 별다른 수사 진전은 없었는데, 그들에 대한 수사는 얼마 뒤 엉뚱한 곳에서 갑자기 시작되었고, 또 다른 방향으로 전개되어 나갔다.

2013년 6월 말 유러피안리조트 시행사 성모 대표의 서울 역삼동 사무실에 수원지검의 수사관들이 수색영장을 들고 들이닥쳤다. 수원지검의 성모 대표 신문조서에 따르면 당시 담당 검사는 수원지검 강력부의 조직폭력 및 범죄 단체구성 전문 검사들이 자체적으로 조직폭력배 동원 사건에 대해 100여 일에 걸쳐 내사를 진행해 성 대표의 혐의를 포착한 결과라고만 했지만, 헌인마을사업의 황석천 씨가 이미 2013년 4월경에 한국농어촌공사 사장 홍문표와 언론 브로커 김모 씨, 삼부토건 조시연 부사장의 입찰 관련 공모 비리, 성모 대표와 조시연의 유러피안리조트사업 비자금 조성 비리 등에 대해 수원지검에 진정서를 제출한 상태였다. 황석천 씨가 수원지검에 제출한 그 진정서에는 상당히 구체적인 범죄 혐의 내용들이 담겨 있었고, 수원지검의 성모 대표와 프레스25 김모 대표 등에 대한 압수수색도 이에 따라 이루어진 것으로 판단되었다. 이 당시 헌인마을 전 시행사 대표였던 황석천 씨는 2011년 이전까지 언론 브로커 프레스25 김모 대표와 서로 간의 사업상 공생관계를 유지하고 있었기 때문에 김모 대표로부터 전해 들은 조시연과 성모 대표 등의 범죄 혐의들을 이미 구체적으로 파악하고 있었던 상태였다.

　수원지검의 유러피안 시행사 성모 대표에 대한 압수수색 과정에서 압수된 서류에는 그가 회삿돈으로 삼부토건 조시연 부사장에게 수십억 원의 돈을 건네준 장부가 발견되었고, 2011년 삼부토건 수사 당시 조남원 부회장과 건축본부장 정모 전무를 엮어 넣기 위해서 서울중앙지검 특수2부로 건네졌던 헌인마을과 카자흐스탄사업, 파주 아파트사업에 대한 삼부토건 내부 문서들도 나왔다. 그리고 유러피안 PF대출 주간사인 동부증권 윤모 상무에게 회삿돈으로 매달 900만 원씩 총 1억 6천만 원의 뇌물을 준 장부도 들어 있었다. 2013년 7월 23일 성모 대표에 대한 체포영장이 발부되었고 그날 성모 대표의 업무방해 등 사건에 대해 1회 피의자 신문이 진행되었다. 24일 2회 피의자 신문에서는 조 부사장에게 불법으로 12억 원을 대여한 것과 동부증권 윤모 상무에게 매달 900만 원을 지급한 것 등에 대해 집중 추궁을 받았다. 그리고 수원지검은 성모 대표에 대해 관련 혐의를 적시하고 7월 25일 구속영장을 청구했지만, 법원은 이를 기각했고 성모 대표는 일단 석방되었다. 이런 일련의 수사과정은 물론 조시연에게도 즉각 알려진 것으로 보였다.

　성모 대표에 대한 피의자 신문은 이제 불구속 상태에서 진행되었다. 그러나 수원지검 조폭 전담 천모 검사는 8월 2일부터 9월 3일까지 몇 차례에 걸친 성 대표에 대한 피의자소환 신문에서 그와 삼부토건 조 부사장, 동부증권 윤모 상무 등의 범죄 혐의를 더욱 상세히 구체적으로 밝혀 나갔고, 9월 10일 마침내 성모 대표에 대한 구속영장을 재청구하여 그를 구속하였다. 이후 9월 24일에는 강력부 이모 검사가 성 대표에 대한 7회차 신문을 진행하였다. 삼부토건이 유러피안리조트 시공사로 선정된 이유와 조직폭력배 출신 성모 대표가 조시연에게 11회에 걸쳐 건네주었다는 대여금, 그리고 하청업체 태원토건이 조시연에게 돈을 건네준 경위 등이 집중적으로 조사되었다. 강력부 이모 검사는 또한 그 이전인 8월 12일에 당시 사건의 핵심 참고인이었던 유러피안 사업기획부 과장 방모 씨로부터 중요한 진술을 받아냈다. 방모 씨는 유러피안 시행사 기획사업 과장으로 재직할 당시 2011년 7월경 성모 대표의 지시에 따라 인터넷 등 자료를 참조하여 삼부토건의 경영공시현황을 작성하였고, 삼부토건 기획실 이모 부장으로부터 전달받은 내부 사업자료 및 성모 대표가 전달한 문서 자료를 토대로 'M&A 기본전략서', '삼부토건 적대적 M&A 전략' 등을 작성한 인물이었다. 수원지검의 방모 과장 진술조서에 나와 있는 진술 내용이다.

이모 검사 "무슨 이유에서 유러피안 대표 성○○는 이와 같은 서류작성을 지시하였는가요."

방씨 "삼부M&A 기본전략서 등 주요 내용은 삼부토건을 상대로 적대적 M&A를 실행하기 위한 예상 소요 자금의 규모, 리조트 준공 지연에 따른 삼부토건 각 사업장에 대한 가압류, 삼부토건 M&A 추진에 따른 구체적인 주식 매입 계획 등으로서, 유러피안 대표 성○○는 삼부토건 주요 임직원들에 대하여 수사기관에 업무상 횡령, 배임 등 혐의로 고소 고발장을 제출하고, 리조트 준공 지연을 구실로 삼부토건의 다른 사업장의 채권을 가압류하여 의도적으로 삼부토건의 주가를 떨어뜨려 장외에서 삼부토건의 주식 3%를 매입하며, 자금유동성이 부족한 삼부토건에서 유상증자를 실행하면 부사장 조시연 등과 연대하여 600억 원을 투자하여 지분을 확보하는 방법으로 경영권을 탈취하려 하였습니다."

드디어 2013년 9월 27일 수원지검 이모 검사는 조시연의 주거지를 압수수색했다. 5만 원권 100매 10묶음, 미화 100 달러권 42개와 19개가 각각 든 봉투, 수표 100만 원권 20매 등이 나왔는데, 검사가 현금과 외화 봉투들이 무슨 돈인지 묻자 조 부사장은 명절 때 남은 돈이거나 해외 출장을 준비했다 남은 돈이라고 진술했다. 그리고 10월 14일 조 부사장의 회사 내 최측근인 기획실 이모 부장이 먼저 피의자 조사를 받았는데, 수사관과 검사는 유러피안 사무실 압수수색 당시 나왔던 삼부토건 내부 사업 관련 자료와 삼부토건에 대한 적대적 M&A 계획서류에 대해서 캐물었다. 이모 부장은 유러피안 성모 대표에게 내부 사업 관련 자료를 건네고 그에게 돈을 받은 것은 없으며 단지 조 부사장 지시에 따라 전달했고 조 부사장은 다른 직원들을 시켜 법률사무소*에도 비슷한 문서를 전달한 것으로 알고 있다고 진술했다. 수사관이 또 "그렇게 유출된 문서 때문에 회사가 어려운 문제에 처한 적이 있지 않았나요?"라고 묻자, 이모 부장은 "예, 2011년 말경 서울중앙지검 특수부에 삼부토건에 대하여 압수수색을 하였고 저도 불려가서 조사를 받는 등 회사에 많은 어려움이 있었습니다."라고 답변했다.

10월 17일부터는 조시연에 대한 피의자 조사가 시작되었다. 수원지검 이모 검사는 11월 29일 성모 대표 등에게서 조시연이 12억 원의 뒷돈을 받은 배임수재 혐의 이외에도 몇 가지 더 중요한 범죄 혐의를 신문했다. 이전에 조시연의 분쟁 당사자 중의 하나였던 헌인마을 전 시행사 대표 황석천 씨가 삼부토건이 한국농어촌공사에서 2010년경에 발주한 '새만금방조제 만경 3공구'를 수주하는 과정에서 조 부사장이 김모 프레스25 대표를 통해 농어촌공사 사장이었던 홍문표 의원에게 금전 등의 대가를 지불한 혐의를 수원지검에 제보한 것에 따른 것이었다. 김모 프레스25 대표는 조 부사장이 공사 낙찰 이후 약속한 대가를 지불

하지 않자, 삼부토건과 사업관계가 있었던 황석천 씨**를 통해
이를 해결하려고 시도했었기 때문에, 이런 내용들을 잘 알고 있
었던 황석천 전 시행사 대표는 이를 자신의 헌인마을 시행사업
을 망쳐버린 조 부사장에 대한 확실한 반격의 소재와 기회로 여
겼다.

조 부사장은 이날 첫 번째 신문 과정에서 유러피안리조트
성모 대표와 함께 삼부토건에 대한 적대적 M&A 계획을 세운
것에 대해서 말도 안 되는 소리라고 완강히 부인했고, 부하 직
원들을 시켜서 헌인마을 등의 중요한 회사 내부문서를 성모 대
표에게 전달한 이유도 성모 대표에게 개발사업에 대한 사업성
검토 차원에서 그에게 자문을 받고자 그런 것이라고 둘러댔다.
한편으론 수사관의 질문에 엉뚱한 말실수도 저질렀다. 성모 대
표와 돈을 주고받은 적이 한 번밖에 되지 않느냐는 수사관의 질
문에, "제가 최근 서울중앙지검에서 조사를 받는 등으로 스트레
스를 받아 술을 자주 마시다 보니 정확하게 기억을 하지 못하겠

*

이른바 '서초동 마당발' 이상중법률사무소를 의미한다.

**

**조시연의 수원지검 진술조서에 따르면 '프레스25시'라는
인터넷언론사 김모 대표는 이전에 2007년경에 발생했던
헌인마을 방화사건을 통해 황석천 씨와 관계를 맺어 왔던
것으로 여겨진다.**

습니다." 수사관이 다시 서울중앙지검 조사는 어떤 이유로 받는 것이고 현재 진행 상황이 어떤지를 묻자, "조남원 부회장, 정○○ 등 특수부에서 조사를 받았던 사건 관련입니다. 그 일로 신경을 써서 저 역시 스트레스를 받았다는 것입니다."라고 답했다. 수원지검 조서에 남아있는 관련된 기록은 이게 전부였지만 2011년 말 삼부토건 수사 당시 조 부사장은 서울중앙지검의 공식적인 조사를 직접 받은 사실은 없었기 때문에, 담당 검사는 매우 의아해했을 것이다. 내가 보기에 조시연의 이런 말실수는 '서울중앙지검 검사들과 함께 회사를 클린 컴퍼니로 만들려고 술을 많이 마셨는데, 잘 진행이 안 되어서 스트레스를 많이 받았습니다'로 해석하는 것이 마땅했다. 11월 8일에는 조시연에 대한 2회차 신문이 진행되었고, 이때에는 특히 새만금 방조제 사업 등 한국농어촌공사에서 삼부토건이 수주한 공사들에 대하여 홍문표 전 사장에게 로비한 혐의가 상세하고 구체적으로 조사되었다. 입찰 브로커 프레스25 대표 김모 씨의 사무실에서 압수된 증거들이 신빙성을 더해 준 것으로 보였다.

11월 20일 수원지검 강력부 조폭 담당 이모 검사는 마침내 조시연에 대한 구속영장 청구를 단행하였다. 그 검사가 청구한 구속영장 청구서에는 '구속을 필요로 하는 사유'가 알기 쉽게 적시되어 있었다.

첫째, 유러피안리조트 성모 대표에게 삼부토건이 시공사로 참여해주고 PF대출 지급보증 대가로 12억 5천만 원을, 태원토건 강○○에게 유러피안리조트 하도 계약을 체결해 주는 대가로 10억 원을 받은 사실이 소명되었으니, 범죄 혐의가 상당하다.

둘째, 단순 개인 비리가 아니라 시행사와 시공사의 핵심 간부가 결탁한 건설업체의 구조적 비리의 전형으로 범행 결과 삼부토건에 막대한 경제적 피해를 가져왔고, 삼부토건 내부 경영권 분쟁에서 유리한 위치를 차지하기 위해 삼부토건 임원의 본분을 망각하고 외부 세력인 시행사와 결탁하여 삼부토건에 대한 적대적 M&A를 계획하여 시도했으며, 또 회사 기밀 자료를 시행사 성모 대표에게 전달하여 그에 의해 반대 세력에 대한 수년간에 걸친 진정과 고소, 고발을 남발하게 하여 죄질이 매우 불량하므로, 삼부토건 경영 위기에 대한 발단이 된 피의자의 범행은 더욱 중한 처벌이 요구된다.

셋째, 농어촌공사가 발주한 새만금 방조제 공사와 관련하여 피의자는 프레스25 김모 대표*를 통해 농어촌공사 핵심 인사에게 로비를 하게 되었고 그 결과로 공사를 수주하였으며, 또 그 과정에서 금품을 제공한 것으로 보이며, 또 피의자의 계좌 거래 내역에 의하면 동홍천-양양 고속도로, 김포 풍무지구 아파트 공사, 충남 당진 화력발전소 공사와 관련하여 지역 공동도

*

프레스25 김모 대표는 이후 여론조사업체의 대표가 되었고, 그 여론조사 업체는 중요한 정치적 국면마다 의미있는 여론조사 결과를 발표하고 있다.

급이나 하청업체들로부터 금품을 수수한 것으로 보여 추가 수사가 필요하다.

넷째, 피의자는 성모 대표의 처음 검찰 조사 이후 그를 만나 대여금이라고 주장하기 위해 이자율을 정하는 말 맞추기를 하는 등 다른 공범들과 진술을 조작하고 증거를 인멸할 우려가 크다.

다섯째, 피의자는 이사로 등기된 임원으로 중한 형이 예상되고, 또 휴대폰을 빈번히 교체하는가 하면 직원들 명의의 휴대폰까지 사용하고 있으며, 주거지를 나와 다른 숙소를 사용하는 등 도주의 우려가 있다는 것이었다.

11월 22일 수원지방법원에서 조시연에 대한 영장실질심사가 진행되었다. 강력부 이모 검사는 사건이 중대하여 구속영장 청구가 받아질 거라 예상했을지 모르겠지만, 결과는 기각이었다. 그리고 일주일 뒤인 11월 29일 피의자 조시연의 불구속 상태에서 법원에 제기된 이모 검사의 공소장에는 그가 유러피안사업과 관련하여 시행사 성모 대표와 하청업체 태원토건 강모 대표로부터 22억 2,500만 원을 수수한 배임증재 혐의를 제외한 다른 권력기관이 유착되어 연루된 것으로 의심되는 중요 범죄 혐의들은 모두 삭제되어 있었다.

즉, 위 구속영장청구서에 기재된 것과 같이 '내부 경영권 분쟁에서 임원의 본분을 망각하고 외부 시행사와 결탁, 회사에 대한 적대적 M&A를 계획·시도했으며, 회사 기밀 자료를 시행사 대표에게 유출함으로써 고소·고발을 남발하게 하여 회사에

경영 위기를 초래하게 하는 등 삼부토건에 막대한 경제적 피해를 주었다는 범행'과 '한국농어촌공사 공사 수주와 관련하여 해당 고위 인사에게 금품을 제공한 로비 의혹' 등에 대한 범죄 혐의와 추가 수사의 필요성은 완전히 배제되어 기소되지 않았다. 이는 당연히 조시연 변호인의 역할이 컸던 것으로 보인다. 조시연이 피의자로 조사를 받기 시작하자 조남욱 회장은 윤검의 절친 남기춘의 '김앤장 법률사무소'와 기소 이전 단계까지 고액의 수임 계약을 체결하도록 했다. 당시 김앤장에는 2013년 4월까지 서울중앙지검 특수2부의 삼부토건 추가 수사를 지휘했던 심재돈 전 부장검사도 검찰을 사직하고 그해 7월부터 입사해 있었다. 좌천된 '윤검'을 대신하여 등장한 그의 절친 남기춘은 울산지검장으로 있었던 2009년 추석 명절부터 조남욱 회장에게 선물을 받기 시작해 2016년 1월까지 이어졌다. 조남욱 회장은 또 남기춘 울산지검장과 2008년 4월 26일 크리스탈밸리에서 골프를 쳤고, 서부지검장이던 2011년 1월 15일에는 서울르네상스호텔에서 윤석열과 함께 만찬을 즐기기도 했다.

수원지검의 '조시연 사건에 대한 축소·엄폐 기소'에는 전 서울중앙지검장 최교일도 상당한 역할을 한 것으로 여겨진다. 서울중앙지검장을 끝으로 사직한 최교일은 두 달 뒤인 2013년 7월 변호사 사무실을 개업, 조시연이 삼부토건 자회사 사장으로 좌천되어 있던 삼부건설공업과 법률고문 계약을 맺고 월 고문료 200만 원씩을 지급받기 시작했고, 조시연이 수원지검으로부터 압수수색을 당하면서 본격적인 수사 대상이 된 이후인 2013년 10월부터는 고문료를 월 500만 원으로 증액해서 2016년 1월까지 전부 1억 4천 6백만 원을 지급받았다.

조남욱 회장의 지시로 회사 임원과 법무팀 직원이 최교일의 사무실을 찾아가 조시연의 유죄 여부 판단에 대한 자문을 구했는데, 이는 소송대리인 수임계약도 없이 회삿돈으로 불법적인 고문계약을 체결해 조시연 개인의 비리 혐의를 자문한 것이라 문제의 소지가 많았다. 더구나 조시연의 범죄 혐의는 이미 회삿돈 수십억 원을 횡령한 것이었다. 한편 이 사건 당시에 수원지검 담당 차장 검사는 차경환이었고 수원지검장은 김수남 전 검찰총장이었는데, 김수남 역시 검찰총장 청문회 과정에서 한 언론사로부터 조시연 사건을 축소·은폐했다는 의심을 받았으나 이는 그냥 의혹으로 끝나고 어떤 언론에도 관련 내용이 일절 보도되지 않았다.

이 사건이 수원지검에서 초기에 조시연의 혐의를 파악한 대로 제대로 수사되고 기소되었다면 그 당시 충분히 정치·사회적 충격을 줄 수 있는 사건이었지만 언론은 이를 제대로 보도하지 않았다. 조남욱 회장이 그동안 많은 언론사 대표들을 관리해 온 덕분인지 그 당시 언론들은 '조폭 동원 5억 원으로 3천 300억 원대 리조트사업' 등의 제목으로 수원지검의 조시연 부사장에 대한 기소 내용을 조폭과 관련된 익명의 기사로만 처리했다. 물론 이러한 언론들의 보도 태도는 수원지검이 수사 결과를 '조직폭력배의 개발사업비리'로 축소·은폐하여 발표한 것에 따른 것이기도 했다.

이 사건의 주범은 당연히 조시연 부사장이었음에도 수사와 기소는 공범에 불과했던 성모 대표를 중심으로 진행되었고, 삼부토건과 조시연이 관계되었다는 사실은 수사 관련 당사자들만 알 수 있도록 보도되었다. 김앤장의 담당 변호사는 수원지검의 기소 직전에 회사 법무팀에게 유러피안 성모 대표와 관련된 배임수재 혐의는 그 증거가 너무나 명백해 모두를 불기소처분으로 받아내는 것은 비관적이며, 자신들은 나름대로 최선을 다했지만, 수사 결과를 모두 덮어버리는 것은 불가능했다는 말을 했다.

조시연의 처지에서는 남기춘의 김앤장이 수원지검의 불기소처분을 완전히 받아내지 못하게 되자, 그는 기소 이후 1심 재판 소송대리인을 '법무법인 바른'으로 곧바로 교체했다. 1심 재판부에는 조 부사장의 변호인으로 '바른'의 송모 변호사와 이모 변호사만이 선임되어 있었지만, 조시연과 바른 양자 간의 수임계약서 상에는 이인규라는 인물이 담당 변호사로 명확히 기재되어 있어 실제 수임 계약의 핵심 당사자는 이인규 전 대검 중수부장이었다. 법원에 신고도 없이 재판에 관여한 것이기도 했다. 조시연은 그가 성모 대표의 기소 과정에서 공범으로 연루되어 기소된 자신의 배임수재 혐의에 대해 무죄를 받아 줄 것이라 기대했을 것이다.

당시 회사에서도 조시연이 이인규를 선임했다는 소문이

당시 회사에서도 조시연이 이인규를 선임했다는 소문이

파다했고 실제 회사 법무팀 직원은 법무법인 바른에서 진행된 재판 대응회의에서 이인규 변호사가 직접 참석하고 있는 것을 목격했다. 그는 2008년 대검 기획조정부장, 2009년 대검 중앙수사부장으로 있으면서 노무현 전 대통령을 비극으로 내몰았던 '논두렁 시계검사'로 잘 알려져 있던 인물이었기 때문에 특별히 눈에 띄었다고 했다.

또한 서울르네상스호텔 고위 임원의 증언은 노무현 대통령이 돌아가시고 얼마 지나지 않은 시점에 이인규 중수부장이 부하 검사들을 데리고 호텔에 왔고, 자신은 조 회장의 지시에 따라 호텔 나이트클럽을 포함한 접대를 충실히 수행했다고 했다. 조시연의 최측근이었던 한 직원도 조 부사장은 이검과 윤검을 '인규형'과 '석열이형'이라 부르며 2010년을 전후한 무렵부터 함께 술자리 등에서 친밀히 접촉해 왔다고 했으며, 회사 내에서도 이인규와 경동고 선후배 관계였던 박모 상무가 2010년 11월에 조시연이 부사장으로 있던 기획실의 사업개발 담당으로 입사해 2011년 11월까지 그와 이인규의 가교역할을 해주었다고 했다.

2011년 말에 회사를 퇴직했던 박모 상무는 2013년 11월 수원지검의 공소제기 이후 '바른'에서 열린 1심 재판 대응회의에도 이인규와 함께 참석한 것이 목격되었다. 한편으로 그 당시 조시연의 운전기사는 윤석열 검사가 2013년 10월 '국정원 댓글 특별수사팀'에서 배제되고 2014년 1월 지방으로 좌천되어 망가져 있지 않았더라면 검찰의 수사와 법원의 재판을 받는 도중 더 많은 도움을 그로부터 받을 수 있었을 것이라 무척이나 아쉬워하기도 했다고 말했다. 그 운전기사는 조 부사장과 윤석열 검사가 술자리를 함께하며 친밀했던 것을 빈번히 목격했기 때문에 그런 말을 자조적으로 내뱉은 것이었다.

고위직 검찰 전관들의 고액변호와 법조계 인사들의 비호에도 불구하고 조시연은 유러피안리조트 시행사 성모 대표의 12여억 원 배임증재 범죄에 직접 연루된 혐의에 대해서만은 빠져나가지 못했다. 아무리 비호세력을 총동원했어도 재판과정에서 조폭과 직접적으로 연루된 것까지 덮어 뭉개버리는 것은 불가능한 일에 가까웠다. 1심 부장판사가 매우 불건전해 보이는 극우적 판사*였음에도 그렇게 되었다. 결국 주범과 공범이 서로 뒤바뀌긴 했지만, 2014년 7월 8일 1심 재판부는 조시연에 대해 배임수재죄로 징역 2년을 선고하고 법정 구속했다. 재판상 주범인 성모 대표 또한 배임증재, 횡령, 업무방해, 상해 등의 죄로

---

*
2015년에 보도된 기사에 의하면 당시 부장판사였던 이모 판사는 7년간 포털에 9,500개가 넘는 일베성 댓글을 올린 매우 극우적인 인물로 알려져 있었다. '투신의 제왕 노무현', '한국의 근대화는 대일본제국의 조선반도 식민화 덕분', 세월호 유가족에게 '촛불 폭도들 미쳐 날뛰는 꼴이 가관이넹. 저 ○○○들 쇠망치로 박살내뻘고 싶당께루' 등과 같이 이러한 저질 막말 댓글들을 일베 사이트에 올린 것이 드러나 그는 결국 사직 처리되었다.

징역 3년이 선고되었다. 조 회장의 지시로 항소심 대리인을 다시 법무법인 화우로 변경했지만, 2015년 1월에 있었던 항소심 판결에서도 조 부사장의 형량은 줄어들지 않았고 그해 5월 대법원은 이를 최종 확정지었다.

그러나 결국 유러피안리조트개발사업에 삼부토건이 투자한 돈은 PF대출 원금 1,371억 원과 이자 914억 원을 합쳐 총 2,285억 원이나 되었지만, 회사가 나중에 고작 회수한 돈은 200여억 원에 불과했기 때문에 그들의 범죄행각은 여전히 축소되어 제대로 드러나지 않았고 권력기관이 연루된 것으로 의심되는 다른 두 건의 범죄 혐의는 기소조차 되지 못했다. 검찰의 수사지휘권과 기소권 독점에 따른 결과이기도 했다. 수원지검 수사 초기에 강력부 부장 장모 검사와 조폭 전담 이모 검사가 그 실상을 어느 정도 파악하고 이를 철저히 수사하려 했을지 모르겠지만 결국 상부 권력의 거대한 압력에 눌려 수사를 더 확대해 진행하지 못한 결과로 짐작된다. 이들은 2013년 11월 29일 공소제기 이후, 2014년 1월 장모 부장검사는 수원지검 안양지청으로 이동했고, 이모 검사는 의정부지검으로 자리를 옮겼다.

한편 조시연 부사장의 정적 중의 한 사람이었던 헌인마을 시행사 전 대표 황석천 씨는 2013년 6월부터 시작된 수원지검 조시연 수사에 결정적인 제보를 했고, 2014년 수원지방법원에서 있었던 재판과정에서도 조 부사장의 '새만금 방조제 만경 3공구' 수주와 관련한 추가범죄 및 명예훼손, 무고 등을 강력허 처벌해 줄 것을 내용으로 하는 수통의 탄원서를 제출했지만, 수원지검의 추가 수사나 기소는 당연히 하나도 이루어지지 않았다. 그는 또 2015년 5월경에 '대검 범죄정보과'와 '청와대 민정실'에도 조시연의 불기소된 구체적인 관련 범죄사실들에 대한 진정서를 제출했다. 그러나, 그들 권력기관 스스로가 관련된 범죄 의혹이었기 때문에 제대로 진행될 리 없었다.

다음은 2015년 5월 황석천 씨가 '청와대 민정실'에 제기한 민원 내용 중 그동안의 진행 경과를 설명하는 내용이다.

2013년 4월 수원지검(당시 지검장 김수남)에 진정하여 조시연, 홍문표, 김○○* 등과 관련된 농어촌공사 입찰비리 사실들을 조사토록 진정하였으나, 비자금계좌를 찾지 못하였다고 하여 조시연은 토목업체로 비자금 2억 조성, 성○○는 배임, 횡령, 업무방해로 각 2년, 3년 형으로 사건이 축소되어 마감되었으나, 김○○이 홍문표에게 전달하고 남은 리베이트를 차명(조시연 지인 이○○ -삼성전자 전무의 KDB산업은행 계좌에 보관하며 현금카드를 이용: 첨부2)으로 숨겨 놓았던 약 20억 원 상당을 놓고 분배과정에서 불만이 있던 김○○이 비서 박○○씨가 2억 상당을 무단 인출하여 사용하

*

프레스25 대표였던 김모씨를 의미한다.

자, 김○○과 다툼으로 그 당시 그 비자금을 관리하던 박○○씨가 김○○ 사무실에 수시로 방문하여 당시 삼부토건과 공사 수주를 협의하고 비자금을 조성하고 관리했던 자들의 명함(첨부3)과 통장을 빼내어 본인 황석천에게 제보하였음.

이러한 사실을 본인 황석천은 대검찰청 범죄정보과에 제보하여 조사케하고 일부 비자금 계좌 등이 사실로 입증되어 조시연, 성○○ 등이 구속 수감되어 있는 수원지검으로 사건조사가 이첩된 상태이고, 2013년 4월 초 삼부토건에서 검찰총장 출신 등 대규모 변호인단을 구성하여 홍문표, 김○○ 등의 사건을 축소하여 '비자금 계좌 등을 못 찾았다'하고 사건을 축소 시도하였으나, 최근 김○○ 등이 농어촌공사에 전달하고 남은 리베이트를 관리, 분배하는 과정에서 발생한 여러 잡음에 따른 불만이 있어서 김○○의 동업자 김○○, 박○○이 본인 황석천에게 제보하였음.

황석천 씨가 민원을 제기한 당시 한국농어촌공사가 발주한 '새만금방조제 만경3공구' 수주 과정에서의 조시연의 비리 혐의와 관련해 수원지검의 참고인 조사를 받았던 삼부토건의 턴키공사 입찰 담당 직원들의 증언을 종합해 보면, 한국농어촌공사 사장 홍문표는 조남욱 회장과 오랫동안 가까이 지내며 후원을 받는 사이였다는 것이고 조시연도 수원지검 수사 당시 부친과 홍문표는 충청향우회에서 원래부터 잘 알던 사이라고 진술한 것이 있었다. 조시연은 또한 대통령실 임모 실장이나 정진석 의원 라인의 청와대 행정관과도 호형호제하는 사이로 청와대 인근에서 자주 접촉했으며, 그 스스로도 해당 공사 수주는 자신이 성사시켰다는 자랑을 늘어놓았다는 것이다. 또 회사 담당 팀장은 한국농어촌공사 설계심의일 이전에 홍문표 사장의 빙부상 상가에서 프레스25 김모 대표를 만난 적이 있었는데, 조시연이 홍문표, 프레스25 김모 대표와 같은 자리에 앉아 있었고 김모 대표가 조시연을 홍문표한테 붙여준 것 같은 인상을 받았다고 했으며, 그 뒤로 설계심의일 이전에 김모 대표가 회사를 찾아왔을 때 조시연은 자신을 불러 그에게 협조를 잘해주라는 지시를 내렸다고 했다.

그리고 당시 입찰은 두산, 롯데, 삼성중공업 등이 참여하는 5파전이라 쉽지 않은 경쟁이었는데 한국농어촌공사는 다른 어떤 공기업보다 사장의 오더가 낙찰자를 결정하는 핵심 요소로 평가받았기 때문에, 이에 대한 영업은 조시연이 직접 담당한다고 해서 그렇게 진행되었다. 그리고 회사가 수주했던 위 공사는 입찰 당시 실행률이 99% 정도였는데, 수주 이후에 공사 실행률이 확정된 것을 확인하니 125%로 올라가 있었다. 나중에 조시연이 그 측근을 현장소장으로 발령내 실행예산을 125%로 회사 결재를 받아 그 차액은 하청업체 H산업을 통해 리베이트로 관련 인사들에게 건네준 것으로 파악되었다. 불법행위를 해서라도 회사의 수익을 위해 영업활동을 했다는 변명도 통하지 않는, 회사에 오직 손해만 가져오는 천인공노할 만행이었다. 그러나 이러한 수원지검의 수사에도 불구하고 조시연과 홍문표와 관련된 당시의 뇌물 수사는 청와대 민정실 등의 외압으로 중단된 것으로 알려져 있었다.

홍문표는 이후에 2012년, 2016년, 2020년에 충남 홍성군·예산군에서 국회의원으로 당선되어 4선 의원이 되었으며, 2022년 제20대 대통령 선거에서는 충남 총괄선거대책위원장이 되어 윤석열 당선에 힘쓴 공로로 2024년 8월 한국농수산식품유통공사 사장에 임명되었다.

6장

'윤검' 고발투쟁과
검찰정권의 탄생

검찰총장으로 지명된 윤석열

삼부토건의 경영진이었던 조남욱 회장 일족이 기업회생절차 개시신청 이후 2016년 2월에 회사에서 퇴출당하고 또 얼마간의 시간이 흐른 뒤, 박근혜 정부 말기에 박영수의 '박근혜-최순실 국정농단수사 특검' 수사팀장으로 화려하게 복귀한 그 낯익은 이름의 '윤검'은 문재인 정부가 들어서자 2017년 5월 서울중앙지검장으로 파격적으로 발탁되었다. 전 정부에서 이어진 '최순실 국정농단 사건'에서 수사팀장으로서의 역할을 어느 정도 잘 수행했다는 일부의 평가들도 있었겠지만, 이는 2013년 10월 국회 국정감사에 참석해 '검찰 조직을 대단히 사랑하고, 사람에 충성하지 않는다'는 해괴한 발언을 한 것을 두고 언론들이 법과 원칙을 강조하는 '강골검사', '특수통', '칼잡이' 등으로 치켜세워 부르면서, 당시 문재인 정부와 여당이었던 민주당은 물론 국민 대다수가 그 부패한 정치검사의 냄새 나는 이력들을 제대로 파악하지 못했던 결과였다.

2018년 10월 국회 법제사법위원회의 서울중앙지검 국감에서 자유한국당의 장제원 의원이 눈치 없이 제기한 '장모 관련 잔고증명서 위조 의혹에 대한 고소 건'에 대해 윤석열 지검장이 지나치게 '버럭' 해대는 해프닝도 있었는데, 이는 그야말로 해프닝으로 취급받았다. 그 당시 윤 지검장 부부와 그의 장모 최은순씨로부터 오랫동안 억울하게 사법 피해를 당했다고 호소했던 정대택 씨의 일관된 주장 또한 '스페셜 경제', '시사저널' 등 소수의 특정 언론에만 보도되고 있었다. 당시 문재인 정부 등의 여권에서 이명박 정부 당시 그의 정치검사로서의 두드러진 행적들을 가볍게 보지 않는 사람들도 간혹 있었지만, 박근혜-최순실 국정농단수사를 거치면서 혹세무민(惑世誣民)을 일삼는 보수언론이 더욱 공고히 했던 강골검사 프레임은 윤석열에 대한 갖가지 여러 의혹들을 감히 제기하기조차 어려운 상황으로까지 만들어 버렸다. 야당인 자유한국당의 법제사법위원회 의원들 또한 '윤검' 가족 일당에 대한 갖가지 의혹들에 대해 상당한 제보를 받은 것으로 보였지만, 그에 대한 적극적 조사는 고사하고 의혹 제기마저 스스로 자제하는 듯했다.

이러한 분위기 속에 2019년 검찰총장 추천위원회가 꾸려지고 그 위원장은 윤석열 부부의 2012년 결혼식 주례를 맡았던 정상명 전 검찰총장으로 결정되었고, 이는 결국에는 그해 7월 '윤검'에 대한 문재인 정부의 검찰총장 지명으로까지 이어지고 말았다. 더구나 지검장급의 신분에서 고급장급을 거치지 않고 곧바로 검찰총장으로 발탁하는, 서울중앙지검장에 이은 또 한번의 연속적인 파격 인사이기도 했다. 이러한 파격적인 인사로 인해 최근까지도 당시 윤석열의 검찰총장 발탁에 대한 풀리지 않은 갖가지 의혹들이 제기된 바가 있었는데, 윤석열의 계엄령 선포 이후 문재인 전 대통령은 2025년 2월이 되어서야 '한겨레신문'과의 영상 인터뷰에서 이에 대한 과정을 어느 정도 설명하고 뒤늦은 사과 의사를 표시했다.

아래는 '한겨레신문'에 실린 그의 인터뷰 중 윤석열 검찰총장 임명과 관련한 부분이다.

"어쨌든 그게(윤석열 검사를 검찰총장으로 발탁한 것을 의미함) 이제 윤석열 대통령이 탄생하게 된 가장 단초가 되는 것이니까요. 후회가 되죠. 실제로 그 당시에 찬반 의견이 나뉘었던 것이 맞습니다. 비율로 따지면 지지하고 찬성하는 의견이 훨씬 많았고요. 반대하는 의견이 소수였습니다. 민주당은 전폭적으로 지지하고 찬성하는 그런 의견이었고요. 그러나 반대 의견이 수적으로 작아도 이렇게 무시할 수가 없는 것이, 내가 보기에 상당한 설득력이 있었어요.

그러니까 이제 어떤 사람들이었는가 하면, 윤석열 중앙지
검장 당시에 법무부 장관을 했다든지 어쨌든 그 시기에 윤
석열을 가까이에서 겪어본 사람들, 이런 사람들이 윤석열
후보자에 대해서 말하자면, 욱하기 잘하는 그런 성격이고,
자기 제어를 잘 못할 때가 많이 있다. 그리고 윤석열 사단이
라는 말이 나올 정도로 자기 사람들을 이렇게 아주 잘 챙기
는 그런 식의 스타일이다. 이런 의견들을, 이게 나중에 보면
다 사실로 그 말이 맞는 것으로 확인됐죠. 어쨌든 가까이서
겪어본 사람들이 그 겪어본 바에 의해서 말을 하는 것이기
때문에 사실은 인사에서 그런 의견이 중요하거든요. 그러
니까 반대가 수는 작지만, 충분히 귀담아들을 만한 그런 내
용이어서, 그러나 이제 뭐 다수는 지지하고 찬성하고 그래
서 이제 많은 고민이 됐죠.

그래서 당시에 조국 민정수석하고 나 사이에, 당시 검찰총
장 후보추천위원회가 추천한 후보가 4명이었는데 그 4명
모두를 조국 수석이 직접 다 한명 한명 인터뷰를 해보고, 당
시 우리가 가장 중요하게 생각했던 검찰개혁에 대한 각 후
보자의 의지나 생각을 확인해 보기로 했는데, 조국 수석이
4명을 다 만나본 결과 나머지 3명은 전부 검찰개혁에 대해
서 반대하는 의견을 분명히 밝혔고 윤석열 후보자만 말하
자면 검찰개혁에 대해 지지하는 그런 이야기를 했다는 겁
니다.

그래서 이제 최종적으로 2명으로 압축시켜서 고민했어요. 다른 한 분은 조국 수석하고 같은 시기에 대학을 다니기도 했고 또 우리 정부에서 검찰 고위직을 하면서 조국 수석하고 인간적인 관계도 나쁘지 않고 소통도 꽤 잘 되는 그런 관계였는데, 유감스럽게도 그분은 검사로서 검찰개혁을 찬성할 수 없다고 검찰개혁에 대해 분명한 반대 의견을 말했다는 거고, 말하자면 검사 마인드가 강하다는 겁니다. 그다음에 이제 다른 한 사람이 윤석열, 소통에는 불편할 수 있지만, 검찰개혁 의지만큼은 어쨌든 좀 이렇게 긍정적으로 말했고, 실제로 윤석열 후보는 중앙지검장 할 때 검찰개혁에 대해서 좀 호의적인 그런 태도를 보인 적이 있었어요. 그래서 고민을 했죠. 지금 생각하면 그래도 조국 수석과 좀 소통이 되고 관계가 좋은 그런 쪽을 선택하는 것이 순리였는지 모르겠어요.

그러나 그 당시에 나하고 조국 수석은 검찰개혁이라는 데 너무, 말하자면 어깨에 힘이 들어가 있었다할까 거기에 너무 꽂혀 있었다할까. 그래서 다소 불현할 수 있어도 윤석열 후보자를 선택하게 된 것인데 그로써 그 이후에 핑장히 많은 일들이 생겨났기 때문에 그 순간이 두고두고 후회가 되죠."

"조국 전 대표가 대단한 게 다른 검찰총장 후보자와 친했는데도 그 후보자를 추천하지 않았다. 검찰개혁에 미온적이라는 이유에서였다. 그때 조국 전 대표와 친한 그 후보자를 추천했다면 그 사람을 시켰을 텐데, 그렇게 하지 않더라. (조국 전 혁신당대표는) 가장 아픈 손가락이고 한없이 미안하다."

당시 검찰총장 인사청문회를 앞두고 실시된 한 여론조사에서 국민의 75%가 윤석열 내정자가 검찰개혁을 잘 추진할 것이라는 조사 결과가 나왔었고, 어쨌든 그 당시에도 입만 벌리면 거짓말을 하는 부패 검사에게 온 국민이 속아왔던 것이니, 인사권자들이 그런 자에게 속아 넘어갔다고 해서 이들 인사권자만을 탓하고 비난할 수는 없는 노릇일 수도 있겠다는 생각은 들었다. 그래도 여기서 하나 짚고 넘어갈 것은 문재인 전 대통령의 인터뷰에서 최종 추천된 후보자 중 다른 한 사람은 당시에 대검 차장검사였던 봉욱이었던 것으로 보인다. 봉욱 차장검사는 1965년생으로 서울대 법대 84학번이었고, 같은 1965년생인 조국 전 법무부장관은 서울대 법대를 조기에 입학해 82학번이 되었다. 봉욱 전 대검 차장검사는 조국 전 장관의 평가대로 검사로서 검찰개혁에 반대하고 검사 마인드가 강한 그런 인물일 뿐이었다.

그는 2002년 4월에 양재택 부장검사와 함께 서울르네상스호텔 23층을 찾아와 조남욱 회장과 만찬을 즐겼고, 같은 해 10월에도 전통 한정식집 '보현재'에서 동일한 멤버로 만찬을 함께하는 관계였던 것은 차치하더라도, 그 역시 거짓말만 못 했을 뿐이지 검사라는 그 잘난 엘리트 의식에 젖어 있는 자로 평가되었기 때문에, 만약 그가 그 당시 검찰총장으로 최종 임명되었다고 하더라도 검찰개혁은 또 다른 차원의 어려움들을 겪었을 것이라고 여겨진다. 검찰 내부의 어떤 그들만의 권력 다툼을 통해 일정 기간 요직에서 소외되어 있었던 그 어떤 검사라도 그들 스스로가 오랫동안 누려왔던 수사지휘권과 기소독점권에 대한 그 달콤한 특권을 개혁하여 그동안의 폐단을 바로잡으려는 역사적 흐름에는 동참하지 않을 것임은 자명해 보이기 때문이다. 봉욱 검사는 실제 박근혜 정부에서 2013년 검사장으로 승진하여 법무부 기획조정실장, 법무실장 등의 요직을 거쳤으나, 검찰 내 그의 경쟁 상대였던 연수원 동기 우병우가 2015년 청와대 민정수석으로 임명되자 그해 12월 서울동부지검장으로 밀려나 있다가, 문재인 정부가 들어서면서 다시 요직인 대검 차장검사로 발탁되었다.

한편 2019년 윤석열 검찰총장 내정자 청문회가 열리기 며칠 전 자유한국당 법제사법위원회 위원인 주광덕 의원은 2012년 김건희가 운영하는 코바나컨텐츠에서 주최한 '마크리부 사진전(에펠탑의 페인트공)' 포스터에 오른 후원회사 이름 중에 '삼부토건(주)'을 발견하고 후원금을 지급한 사실이 있는지 회사에 공문을 보내 문의해 왔다. 회사의 담당 직원은 코바나컨텐츠와 관련된 세금계산서가 있는지 찾아보았으나 이를 발견하지 못했고 의원실에도 이를 찾지 못했다고 통보해 주었다. 당시 회사 노동조합 고위 간부였던 나 또한 담당 부장으로부터 관련 내용을 듣게 되었고, 이것이 곧 그동안 파편적으로만 들어 왔던 윤석열 검사와 옛 사주 조남욱 부자의 관계를 좀 더 자세히 파악해 보는 계기가 되었다. 2012년에 열렸던 '마크리부 사진전' 티켓을 조시연이 수북하게 부서별로 나누어 주던 기억이 떠올랐기 때문이기도 했지만, 조시연이 그동안 회사를 상대로 저질렀던 그 많은 범죄 행위들의 뒷배가 어쩌면 그놈일 수도 있겠다는 생각에 몇 가지 조사를 해보기 시작한 것이었다.

마침내 2019년 7월 8일 윤석열 검찰총장 내정자의 인사청문회가 열렸다. 국회 법제사법위원회에서 개최된 그 청문회에서 위원장은 르네상스호텔의 조남욱 전 회장과 오랫동안 법률고문 계약을 맺고 긴밀한 관계를 유지해 왔던 3선의 여상규 자유한국당 의원이 맡고 있었다. 여 위원장은 겉으로는 임명권자와 독립된 후보자의 정치적 중립성을 강조하면서도 부패한 정치검사 윤석열에 관한 그동안의 행적들을 아는 듯 모르는 듯하면서 그를 상대로 별다른 추궁이나 거슬리는 말도 없이 그야말로 부드럽고 자상한 태도로 일관하고 있었다. 당시 여당이었던 민주당의 박주민 의원은 엉뚱하게도 '정대택 씨와 관련된 녹취록'을 박근혜 정부 말기 황교안 직무대행 등이 윤석열 검사를 부당하게 감찰한 증거라고 목소리를 높이면서 윤석열 지명의 정당성을 노골적으로 지지하였고, 박지원 의원이 제기한 황교안 전 법무부 장관의 댓글 수사 외압 의혹 또한 여 위원장의 노련한 유도 질문과 황교안 대표를 감싸는 듯한 윤 후보의 답변으로 자연스레 넘어갔다.

그렇게 별다른 이의제기나 사고 없이 무사히 검찰총장에 임명된 윤석열은 곧바로 존경하는 공안판사 출신으로 서울대 법대 선배이기도 한 여상규 법제사법위원회 위원장을 방문했다. 윤석열 총장은 그 자리에서 수줍어하며 말을 꺼냈다.

"검찰을 여러 가지로 많이 배려해 주셔서 감사드립니다."

여상규 위원장은 후배를 깍듯이 예우했다.

"총장님이 잘하셨는데 뭘, 일 잘하는 것으로는 총장님 따라갈 사람 없어."

이런 여상규 위원장의 말은 나에게는 결국 청문회에서 '윤검'이 거짓말을 능청스럽게 정말 잘했고, 앞으로도 검찰개혁이나 민주주의에 역행하는 일들을 그가 정말로 보수정당을 위해 잘해 낼 것이라고 들렸다.

검찰개혁, 법무부장관 조국과 추미애

윤석열이 검찰총장으로 임명되고 두 달이 지난 그해 9월 오랫동안 끝날 것 같지 않았던 '조국 법무부장관 후보자 청문회'가 열렸다. 국회 법제사법위원회 의장석에는 두 달 전과 같이 여전히 여상규 법사위원장이 그대로 앉아 있었다. 그러나 불과 두 달 전에 열린 윤석열 후보자 청문회 당시의 자상했던 태도와는 달리 조국 법무부 장관 후보자에 대해서는 제기되는 불명확한 의혹마저 어떤 확정 편향으로 사실로 그대로 확정해 버리는 지나친 논리 비약과 함께 가족을 인질로 삼는 가혹한 말까지 덧붙이며 조국 후보자를 사퇴시키기 위한 총력전을 펼치기 시작했다. 이러한 여상규 위원장의 지나친 행태들은 윤석열 총장이

217

지휘한 조국 후보자 압박을 위한 말단적인 가족 수사와도 기가 막히게 조화를 이루었다.

"처와 자녀 등 온 가족이 수사를 받고 있단 말이에요. 앞으로 구속될지도 몰라요. 가정이 무너지고 있습니다. 근데 장관이 무슨 의미가 있죠? 그런데도 결정을 못 해요?"

기소 여부가 불확실한 상황에서 검찰 수뇌부와 실시간으로 소통하지 않는다면 알 수 없는 노골적인 발언까지 나왔다.

"기소가 되는지 여부는 1시간 내로 결정될 테니까요. 처가 기소되고 본인이 수사를 받고 이런 법무장관이 과연 되겠습니까?"

조남욱 회장의 이상한 호텔 제국에서 끈끈한 법조계 동맹 관계를 형성해 왔기 때문인지 그날의 그 법사위원장과 검찰총장 둘만의 아주 비뚤어진 공정과 정의의 앙상블은 '자유와 반공'이라는 맹신적 사상과 어우러져 온 나라를 흔들어 놓았고, 그 흔들림의 충격과 위력은 문재인 정부의 검찰개혁 지지자들을 분열시키기에도 충분한 결과를 가져왔다.*

조국 장관 임명 후 검찰의 11시간에 걸친 자택 압수수색이 진행되었고 언론의 악의적 보도가 이어졌다. 당시 검찰개혁에 찬성하는 임은정 부장검사가 조국 장관에 대한 수사는 '선택적 정의'일 뿐이라고 항변하고, 또 더는 검찰 조직주의자들의 분장술에 속지 말라는 귀띔도 해주었지만 일부 사람들에겐 아무런 소용이 없는 듯했다. 주말이면 대검찰청 앞 서초역 사거리에서 울려 퍼졌던 검찰개혁을 바라는 시민들의 함성소리들을 뒤로 하고 조국 장관은 결국 취임 35일 만에 '검찰개혁의 불쏘시개' 역할에 만족한다며 사퇴했다. 조국 법무부 장관이 사퇴하기 얼마 전에 '다음은 없다'는 각오로 힘있게 발표했던 '국민의 인권을 최고의 가치로 삼는 검찰개혁의 제도화' 또한 검찰과 보수언론 등의 거대 기득권 동맹에 의해 그 동력이 상실되어 가는 것처럼 보였다.

윤석열이 검찰총장으로 임명된 후 두 달 정도 지났을 무렵 나는 윤석열 검사를 비롯한 현직 검사들과 옛 사주 조남욱 부자에 대한 유착관계에 대한 대강을 파악해서 이를 정리한 문건을 1차적으로 마무리하고, 몇몇 언론사에 관련 내용을 보냈다. 이른바 진보 진영 언론사로 알려진 곳의 모 기자는 기대와는 달리 국장과 편집회의를 거친 이후에 문재인 정부가 임명한 검찰총장이기 때문에 보도를 못하겠다는 소극적인 자세를 취했고, 처음으로 나의 제보에 관심을 보여 준 곳은 '한겨레'였다. 그러나 한겨레 또한 증빙자료의 부족에서인지 아니면 다른 어떤 연유에서인지 정확히는 몰라도 윤석열 검찰총장과 관련한 직접적인 기사는 내보내지 못했고, 그해 12월 중순이 되어서야 양재택, 김각영, 여상규를 비롯한 조남욱 회장의 부당한 법률고문 계약

*

한명숙 총리에 대한 검찰의 허위·조작에 의한 기소와 조국 장관에 대한 검찰의 지나친 수사나 기소는 결국 국민들에게 정치에 대한 혐오감을 유발하게 하여 그들을 정치나 투표장으로부터 멀어지게 만드는 결과를 초래하게 된다.

을 소재로 1면에 기사를 최초 내보냈다.* 당시 기사는 여상규 국회 법제사법위원회 위원장의 부당한 법률고문 계약에 초점을 맞춘 것이라 나름대로 의미 있는 보도가 되기는 했다.** 그러나 필자가 제기하는 문제의 핵심은 검찰개혁의 과제에 정면으로 대항해 망나니 칼날을 마구 들이대며, 여론을 호도하여 세상을 어지럽히고 있는 부패한 정치검사 윤석열 검찰총장이었다.

여기저기 언론사를 수소문하던 중에 MBC 스트레이트 팀과 연락이 닿았다. 그동안 회사 직원들이 제보한 관련 문건들이 더 많이 확보되었고, 이런 제보들은 윤석열 검사의 옛 사주와 관련된 비위행위 의혹들을 점점 더 확실하게 주장할 수 있는 근거가 되기도 했다. MBC 이용주 기자와 방송날짜를 2020년 1월 20일로 정하고 조남욱 회장 부자와 특수부 검사들의 오래된 유착관계와 윤석열의 수사 개입 의혹을 방송 주제로 삼기로 약속했다. 중간에 방송 인터뷰를 요청해 와 흔쾌히 출연해 증언도 해주기로 했다. 사전에 이루어진 방송녹화 인터뷰에서 윤석열이 직접 개입한 사건 의혹에 대해 설명하면서 윤석열 검찰총장의 이름까지 직접 언급했지만, 당일 MBC 뉴스데스크와 MBC 스트레이트 방송에서는 특수통 전관 변호사의 문제를 주요 소재로 다루면서 현직 검사의 이름은 단지 '고위급 검사'라고만 언급하고 있었다. 이전의 '한겨레'의 보도보다는 한 걸음 더 나아간 것이기는 했지만 나에게나 해당 기자에게 아쉬움이 많은 보도였다.***

그러던 중, 2020년 1월 초경에 추미애 의원이 법무부 장관으로 임명되어 다시 '검찰 개혁안'을 발표하였고, 윤석열 검찰총장은 이에 대해 '수사와 기소는 한 덩어리'라고 하면서 검찰개혁에 대한 확고한 반대 입장을 노골적으로 펼치기 시작했다. 그 무렵 서서히 드러나기 시작했던 윤석열 처 김건희의 도이치모터스 주가조작 연루 의혹이나 장모 최연순의 소송과 관련한 갖가지 의혹들은 검찰 요직에서 승승장구하고 있던 윤석열 사단으로 인해 관련 수사는 제대로 진행될 수 없었다. 입으로는 법과 원칙을 강조하지만 언제나 이중잣대로 수사지휘권과 기소권을 자의적으로 행사해온 '윤검'의 행태는 전혀 변함이 없

*

한겨레 신문 2019. 12. 13. 기사
〈삼부토건, 직원임금 못줄 때도 법조 전관들엔
월급주듯 고문료〉

**

한겨레 신문 2019. 12. 13. 기사
〈삼부토건, '의원 겸직금지' 법 시행 4년여간
여상규에 고문료 줬다〉

***

2020. 1. 20. MBC 뉴스데스크
〈전직 '특수통' 내세우자, "檢 수사 흐물흐물해져"〉,
MBC 스트레이트 77회 〈추적 건설업체 전관 리스트〉

었다.

　그 해에 채널A 기자와 윤석열 총장의 최측근 한동훈 검사장과 검언유착 의혹이 불거졌다. 윤석열이 서울중앙지검장으로 있으면서 조선일보 방상훈 회장과 비밀회동을 한 사실, 역술가를 대동한 홍석현 중앙홀딩스 회장과 심야 회동한 사실도 알려졌다. 그동안 추미애 장관은 윤석열 사단에 대한 인사를 단행했고 2020년 10월경에는 윤석열 총장에 대한 감찰 진행 사실을 언론에 공개했다. 이후 추 장관은 11월 24일 윤석열에 대해 직무 집행정지를 명령하고 징계를 청구하여 2020년 12월 16일에 법무부 검사징계위원회는 정직 2개월을 결정하였다. 징계 사유로 주요 사건 재판부 판사 불법사찰 문건 작성, 채널A 기자 취재윤리 위반 사건에 대한 감찰 및 수사 방해, 정치적 중립에 관한 부적절한 언행 등으로 검사 위신 손상 등이 인용되었다. 추미애 장관의 직무 집행정지 명령과 법무부 검사징계위원회의 2개월 정직 처분에 대해 윤석열은 즉각적으로 반발하며 보수언론과 세력의 지지를 등에 업고 이에 불복하는 소송을 진행했다.[*]

　그리고 이런 검찰총장에 대한 어정쩡한 2개월의 정직 징계 처분과 이에 대한 반발은 결국 2021년 3월 윤석열의 검찰총장 사퇴와 2021년 6월 '대선 출마 공식 선언'의 과정으로 이어졌다. 시치미를 떼고 세상을 어지럽혀 왔던 천하에 무도한 부패 정치검사 '윤검'의 민낯이 세상에 제대로 알리는 일은 '날이 시퍼런 칼끝을 밟고 올라 서 있는 것'보다 훨씬 어려운 일처럼 느껴졌다.

그 당시 상황에 대해 문재인 전 대통령은 최근 한겨레신문과의 인터뷰에서 이렇게 평가했다.

문재인 그렇게 전 과정(윤석열에 대한 검찰총장 임명에서 대선 때까지의 전 과정)을 통해서 후회하는 대목이 여러 군데 있지만, 총체적으로 윤석열 정부를 탄생시켰다는 것에 대해서 우리 정부 사람들은 물론 내가 제일 큰 책임이 있을 테고, 그에 대해서 우리가 자유롭지 못하다고 생각합니다. 국민께 송구스럽죠.

*

2021년 10월에 서울행정법원은 정직 징계 처분이 정당한 결정이었다는 판결을 내렸고, 12월에도 서울행정법원은 직무집행정지 소송도 해당 처분이 합리적 근거 없이 이루어진 것이라고 볼 수 없다며 이를 각하했다. 그러나 이후 2022년 대선에서 윤석열이 승리한 후, 한동훈은 법무부 장관에 임명되었고 진행 중이던 '윤석열 검찰총장 징계처분'에 관한 2심 소송은 1심 승소를 이끌었던 대리인들이 모두 해임된 채로 소송이 진행되었다 그 결과 재판부는 징계 절차에 문제가 있다는 이유로 적법 절차 원리를 들어 징계사유에 대한 판단 없이 징계의 절차적 부당성을 인정해 윤석열의 손을 들어주었다.

기자 좀 전에 말씀하셨습니다만, 당시 추미애 법무부 장관하고 윤석열 검찰총장하고 첨예한 갈등을 겪었단 말입니다. 그때 아무리 인사권을 행사해서 검찰총장을 그만두게 하지 않았는지 궁금해하는 사람들도 있습니다. 이에 대해서는 어떻게 설명하시겠습니까?

문재인 그런 부분들은 우리 한겨레신문 같은 매체가 제대로 알려야 하는 건데, 그렇게 이야기하면 우리가 제왕적 대통령을 비판하면서 대통령에게 제왕적인 권한 권력을 행사해야 한다고 요구하는 거랑 같은 거죠. 모순되는 주장인데요. 우선은 대통령에게 검찰총장을 해임할 수 있는 인사권이 없어요. 그러니까 그런 권한이 아예 없는 겁니다. 한다면 정치적으로 압박을 가할 수는 있는지 모르죠.

예를 들면 '신뢰하지 않는다'라는 것을 공공연하게 말한다든지 뭐 물러나기를 바란다고 언론을 통해서 압박한다든지 실제로 과거의 권위주의 시대에는 대통령이 조금 불편하게 여긴다는 것만 이렇게 좀 해도 검찰총장들이 알아서 물러나는 그런 시대가 있었으니까요. 지금은 이제 시대가 다르죠. 지금은 그렇게 압박했다가는 윤석열 총장 본인은 물론이고 검찰조직 전체가 반발하고 나설 거고 당연히 보수 언론도 들고 일어날 거고 그러면 엄청난 역풍이 생기고 그것은 또 대선에서 굉장히 큰 악재가 되겠죠. 그거를 우리가 선택할 수는 없고요. 자꾸 대통령에게 권한이 있는 것처럼 생각하

니까 그런 말들이 있는 건데, 그 부분들은 좀 그렇지 않다는
것은 분명히 좀 해주면 좋겠어요.

그 당시에 윤석열 총장을 그만두게 할 수 있는 유일한 방법
은 법무부 장관이 징계 건의로서 징계 해임을 할 수가 있어
서, 실제로 당시 법무부 장관이 그렇게 하려고 시도를 했죠.
그런데 그 과정이 아주 잘 처리가 됐으면 좋았을 텐데 그렇게
처리되지 않고 진행이 됐기 때문에, 말하자면 해임도 못 하고
거꾸로 역풍을 받고 정치적으로 이 사람을 키워주는 결과가
되었던 것이죠.

그러나 문재인 전 대통령의 이와 같은 평가에 대해 추미애
전 법무부 장관은 오마이뉴스 박정호 기자와의 인터뷰에서 문
재인 전 대통령의 사과에 대해 어느 정도 수용의 의사를 보이면
서도 구체적으로는 이런 식의 반박 의견을 내놓았다.

"문재인 전 대통령께서 아직도 오해를 하고 계시는 부분이
좀 있다. 여전히 그렇게 주장하는 참모들에게 제대로 보고
를 받지 못한 것으로 생각된다. 징계위원회의 양형 기준은
가장 수위가 낮은 사람의 잣대로 결정되어 정직 2개월이 된
것이고, 임기가 보장되어 있는 검찰총장을 대통령이 해임
할 수 있는 인사권이 없다는 말은 원칙적으로는 맞는 얘기
이긴 하나, 따져 보면 또 안 맞는 얘기이기도 하다. 징계 의

결은 양형에 있어서만 2개월의 기간을 정한 것이지 내용에 있어서는 징계의결서에도 나오는 것과 같이, 총장의 직권 남용, 불법행위는 너무나 심각해 해임에 상당하다라고 되어 있어 징계위원회가 정직에 그친 결정을 했던 것은 정무적인 고려를 한 것일 뿐이었다. 결국 대통령은 징계위원회의 정무적 판단에 따른 정직 2개월 처분에 구애받지 않고 검찰총장의 비위가 해임에 상당할 정도로 심각한 비위행위를 저지른 것에 대해서 해임 처분을 했어야 했다. 그렇게 윤석열이 검찰총장에서 해임이 되었더라면 당연히 그는 채널 A 사건 등에 대해 수사를 받고 처벌을 받아 정치를 못 하게 되었을 것이다."*

추미애 전 장관의 당시 추진력을 적극적으로 지지했고 또 반박 의견에도 어느 정도 수긍이 가는 측면이 있기는 하지만, 추미애 전 장관이 말하는 그런 식으로 해임되어 그가 수사를 받게 되었더라도, 그 당시 검찰개혁을 통해 그 권력을 제대로 민주적으로 통제하고 있지 못한 상황에서는 여전히 그가 보수 여론과 지지자들을 등에 업고 대통령 선거에 출마할 수 있는 여지는 충분히 있었던 것으로 보이고, 만약 문 대통령의 해임 결정이 있었다면 윤석열은 그것으로 오히려 더 많은 지지를 받게 되었을지도 모를 일이었다. 결론적으로 중요한 역사적 결정 상황에서 민주적 절차에 따라 진행된 징계에 대한 실패 책임을 그

가 가장 높은 위치에 있었다고 하더라도 그 한 사람에게 일방적
책임을 지울 수는 없는 노릇이다. 결단력이 높은 강한 이미지는
아니었을지 몰라도 더 높은 민주주의를 추구하려 했던 지도자
였다면 그 비난 가능성이나 책임을 참작해 주는 것이 마땅해 보
인다.

*

추미애 전 장관의 발언 요지를 필자가 임의로 요약 정리한
것이다.

20대 대선과 대통령 당선

나는 그동안 2021년 1월에 있었던 MBC 스트레이트 관련 방송에 노동조합을 대표해 옛 사주와 검찰의 비리 의혹을 제보함은 물론 직접 출연해 회사의 명예를 실추시켰다는 이유로 노동조합원들로부터 탄핵소추를 부당하게 당하게 되었다. 노동조합 대의원 투표 결과 다행히도 가결 정족수에 한 표가 간신히 모자라 부결되었다. 실리적 노동조합 운동에만 매몰되지 않고 사회 연대적 노동조합 운동을 추구했던 나 나름대로의 신념을 지지해준 얼마 안 되는 조합원들이 있었기에 탄핵은 간신히 면할 수 있었지만, 대부분의 노조 간부들은 더 이상의 언론 제보에 대해서는 반대하는 입장을 명확히 했다.

한편 '윤검'은 그해 3월 초에 검찰총장직을 사퇴하고 대선 출마를 시사했는데 그 직후부터 언론들의 윤석열 띄우기는 눈 뜨고는 도저히 볼 수 없는 지경이었다. 또 한번 분기탱천해야 할 시점이었다. TV조선 앵커는 "사람에게 충성하지 않는다는 풍운아 윤석열이 비바람 몰아치는 광야로 나섰습니다", "3월 5일 앵커의 시선은 '범이 내려온다'이었습니다"라며 대통령 출마 찬양 기사를 여기저기서 쏟아내었고, 한겨레신문까지 "윤석열 '열공 중' 반도체 등 취약 과목 '속성 과외'"라는 기사를 보도하였다. 그가 대선 출마를 공식 선언한 2021년 6월경이 되자 필자는 조남욱 회장 부자와 윤검의 유착관계를 더욱 확연히 알 수 있는 추가적인 문건을 확보하고 더 많은 제보도 받은 상태가 되었다. 관련 자료들을 더욱 충실하게 정리해 다시 이를 보도해줄 주요 기자들과 접촉하기 시작했다.

물론 회사 노동조합을 탈퇴해 제2노조를 설립하고 몇 안 되는 조합원들의 위원장이 된 상태였다. 이때부터 나는 회사 내부에서 완전한 종이호랑이 신세로 전락하게 되었다. 내가 노동조합 간부로 있으면서 그동안 어렵게 만들어왔던 '단체협약' 상 경영 감시와 경영 참여 제도를 통해 당시 대주주와 경영진에 대한 철저한 감시와 통제가 필요한 시기였음에도 나는 이제 이에 대한 제대로 된 역할을 수행할 수 없는 처지가 되고 말았다. 그 무렵에 이른바 검찰 전문이라는 오마이뉴스 구영식 기자로부터 연락이 와서 관련 자료를 보내주면서 부패 정치검사의 대통령 당선을 함께 막아보기로 하고, 서로 의기투합했다. 한겨레의 기자들도 새로 확보한 문건들에 대해 다시 관심을 보이기 시작했고, 경향과 더팩트의 기자에게도 관련 자료를 보내주었다.

내가 추가로 확보한 자료를 바탕으로 먼저 구영식 기자가 2021년 7월부터 윤석열 후보에 대한 검증 기사를 쓰기 시작했다. '윤석열-최은순·김건희-양재택 전 검사, 그리고 조남욱 전 삼부토건 회장' 검증 시리즈 1편에서는 조남욱 회장의 달력 일정표 등을 근거로 조남욱 회장과 양재택 검사, 최은순·김건희와의 부적절한 관계를 보도했고,* 2편에서는 조 회장의 이력에 대한 상세한 내용을 포함한 최측근 땡중 무정의 무속적 경영 조언과 윤석열-김건희와 그들의 관계에 대해 보도하였다.** 그리고 10여 일 뒤에 '옛 삼부토건 조남욱 리스트에 윤석열 있었다.'라는 제목으로 조 회장이 선물·골프·향응 등으로 유독 검사들을 챙겨 왔다는 사실과 그 리스트에 윤석열-최은순-김건희도 등장한다는 사실을 '윤석열 후보 검증 시리즈'로 연속 보도하였다.*** 이러한 오마이뉴스의 보도에 대해 윤석열 후보 측은 '출처를 알 수 없는 일정표'라고 주장하자, 한겨레 신문은 ''윤석열 골프 접대 의혹' 삼부토건 회장 일정표는 검찰 압수물'을 제목으로 단독 기사를 내보냈다. 당시 기사에서는 수원지검이 2013년 말경에 삼부토건 회장실을 압수수색 했던 경위를 설명하고, 달력 일정표가 명기된 삼부토건의 '압수물건 수령서'를 제시하면서 관련 보도들의 신빙성을 높여주었다.****

관련 보도들에 대해 윤석열 후보 측은 달력 일정표 중에 2011년 4월 2일, 최 회장, 윤검 강남300CC의 일정만을 꼭 집어 주장했다.

"2011년 3월 15일부터 중수2과장이자 주임 검사로서 200여 명 되는 수사팀을 이끌고 부산저축은행 등 5개 저축은행을 동시 압수수색을 하는 등 당시는 주말에 단 하루도 빠짐없이, 밤낮 없이 일하던 때라 위 날짜에 강남300CC에서 골프를 친 사실 자체가 없다."

입만 벌리면 거짓말이라 그 당시에도 골프를 치지 않았다는 다른 증거는 대지 못했다. 그런 주장이 조금이라도 신빙성이 있으려면 적어도 그날 골프를 친 조남욱과 심무정, 최은순과 동

6장 '윤검' 고발·특검과 검찰정권의 탄생

*

2021. 7. 8. 오마이뉴스

<윤석열 장모 작은어머니 "명신이(김건희)가 양 검사 꽉 쥐고 있다">

**

2021. 7. 8. 오마이뉴스

<윤석열-김건희 연결해줬다는 '스님'의 정체는?>

***

2021. 7. 19. 오마이뉴스

****

2021. 7. 29. 한겨레신문

반 라운딩을 하지 않았다는 다른 알리바이를 내놓아야지 당시 바쁜 일정들이 많았기에 그냥 믿어달라는 식은 막연하고 일방적인 주장일 뿐이었다. 그는 또 이렇게 항변했다.

"조남욱 전 회장은 알고 지내던 사이로 20여 년 전부터 10년 전 사이에 여러 지인과 함께 통상적인 식사 또는 골프를 같이 한 경우는 몇 차례 있었다. 최근 약 10년간 조남욱 전 회장과 만나거나 통화한 사실이 없다. 평소에도 그래왔듯이 비용을 각자 내거나 번갈아 냈기 때문에 접대를 받은 사실은 전혀 없다. 명절 선물은 오래되어 잘 기억하지 못하나 의례적 수준의 농산물 같은 걸 받았을 것이고, 값비싼 선물은 받은 적 없다."

이 역시 여러 가지 사실 관계와 목격자들의 증언들로 미루어 보면 새빨간 거짓으로밖에 볼 수 없었다. 더구나 명절선물 중 정육은 당시 가격으로 35만 원 정도였는데 조남욱 회장의 관행상 결코 의례적 수준이 아니었다. 그에게 있어 정육 선물은 노태우와 김종필과 같이 오래 전부터 이해관계로 얽혀 있었던 자들에게 보내는 세밀하고 특별한 명절 이벤트였다. 윤석열은 정육으로 등급이 올랐을 무렵에 그는 조남욱에게 더는 젊은 애송이 검사가 아니었다.

추가적인 보도가 계속 이어졌다. 더팩트의 주현웅 기자는 〈윤석열 캠프 내 3040 비공식 인사, 공통점은 '옛 삼부토건'〉*이라는 제목의 단독 기사를 내보내며 동해 동부전기산업 황하영 사장의 아들인 황종호와 정상명 전 검찰총장의 사위 김용식이 윤석열 후보의 최측근으로 비공식적으로 활동하고 있다는 내용이었다. 윤 부부와 가족같이 지내왔다는 이들은 윤석열 당선 이후 청와대 등에서 윤석열 부부의 핵심 인사로 최근까지 활동했으며, 이들에 관한 논란들은 계속해서 끊이지 않았다.

며칠 후 경향의 정용인 기자도 내가 A4 27쪽 분량으로 서술해 두었던 이른바 'Y파일'의 존재를 소개하며 〈삼부토건 조남욱 회장과 윤석열 지인 황 사장의 수상한 관계〉**를 제목으로 관련 기사를 내보냈다. 해당 기사는 윤석열이 조남욱 회장과 회동시 함께 했던 동해 황하영 사장을 둘러싼 오래된 검사 스폰서 의혹을 다루면서 그 아들인 황종호의 비공식 수행비서 역할에 대한 의혹도 함께 제기했다. 두어 달 후 오마이뉴스 구영식 기자도 추가로 황하영 사장의 정체를 나와 함께 집중취재해 〈'윤석열의 문고리' 논란 강원도 황사장은 누구인가〉***라는 제목

*

2021. 7. 27. 더팩트

**

2021. 7. 31. 경향신문

***

2021. 9. 6. 오마이뉴스

으로 동해시의 재력가 황 사장의 정체에 대한 보다 자세한 기사를 내보냈고, 또 〈의형제? 스폰서? 윤석열과 황 사장의 40년 인연〉*이라는 제목의 후속편 기사도 게재했다. 이즈음에 황하영 사장은 언론을 완전히 차단하고 어디론가 몸을 숨겼고, 윤석열 캠프 측은 시치미를 떼고 두 사람의 관계를 알지 못한다는 답변만 내놓았다. 그 후에도 언론들은 황하영과 황종호 부자에 관한 의혹 보도를 지속적으로 제기했으나, 황하영은 이후 전혀 나타나지 않고 잠적했다. 황종호는 여전히 윤석열 후보 부부의 옆을 계속 지키면서도 언론의 눈에 띄지 않기 위해 무척이나 애를 쓰는 모습을 보였다.

2021년 12월, 대선이 점점 다가오자 JTBC 탐사 보도팀 나정주 PD와 봉지욱 기자가 필자에게 연락해 와 관련 자료를 모두 보내주고 '뉴스룸' 보도를 위한 준비를 하기 시작했다. 앞 장들에서 필자가 조사하여 서술했던 내용들을 종합적으로 다루어 줄 것처럼 보여서 방송을 위해 함께 한 달 이상을 사건의 진상과 문건들을 다시 자세히 분석해 보았고, 탐사보도팀 기자와 PD들도 추가적인 취재를 하는 것처럼 보였다. 조남욱 회장 부자의 윤검과 유착관계의 핵심은 '봐주기 수사'와 '조시연의 청부수사 의혹'이었기 때문에 나는 이에 대한 보도가 반드시 필요하다고 생각했다. 윤검이나 다른 검사들과 관련된 골프 일정이나 호텔 만찬, 명절 선물명단 같은 부분도 추가로 다시 자세히 정리해 두었지만, 그러한 것들은 그들의 유착관계를 부수적으로 설명하는 자료가 될 뿐이었다.

그러나 그런 나의 바람에도 불구하고 JTBC는 보도 시기를 잡지 못하고 2022년 1월 하순 무렵까지 어떤 관련 보도도 없이 시간만 자꾸 흘려보냈다. 당시 JTBC 데스크는 대선의 저울추가 윤석열에게로 기울었다고 판단했기 때문인지 봉지욱 기자의 관련 보도에 대한 결연했던 의지도 결국은 그 데스크의 높았던 벽을 넘어서지 못했다. 보도를 시작하기로 약속한 날 오전에 필자의 영상 인터뷰까지 촬영을 마쳤지만, 해당 보도는 결국 취소되었다. 이후 탐사 보도팀도 거의 깨지는 분위기로 흘러갔다. JTBC 내부 문제라 필자가 자세히 알지는 못했지만, 봉지욱 기자는 이 이후로 회사를 사직하고 뉴스타파로 아예 근무지를 옮겼고, 나정주 PD는 문화콘텐츠를 제작하는 부서로 자리를 옮겼다. 특히 회사에 홀로 남아 버텼던 나정주 PD는 최근까지도 외곽부서를 전전하며 회사로부터 심각한 차별을 받고 있는 것처럼 보였다.

그리고 있던 와중에 CBS 노컷뉴스의 김구연 기자와 연락이 닿았다. 노컷뉴스는 내가 제공한 자료를 토대로 윤석열 검사가 고양지청에 근무하며 '파주 운정지구 택지 불법 불하사건'을 수사하여 기소하면서도 당시 적발된 SM종합건설의 공동시

*

2021. 9. 7. 오마이뉴스

행사였던 삼부토건에 대해서는 '봐주기 수사'를 했다는 의혹을 최초 보도하였다.* 당연히 윤석열 후보 측은 "윤 후보는 검사 시절 법과 원칙에 따라 수사하였고, 어느 누구에게도 면죄부 수사를 한 사실이 없다."며 잡아떼면서 대부분 사실 관계에도 맞지 않는 엉터리 답변으로 일관했다. 윤석열의 법과 원칙은 언제나 선택적이고 이중적인 잣대로 행사되었다. 더팩트의 주현웅 기자도 이와 관련한 의혹을 2월 초에 〈'윤석열 부실수사 의혹' 삼부토건 단순 시공사 맞나… 부지 직접 소유〉**라는 기사로 추가 보도를 내놓았다. 주 기자는 당시 삼부토건이 사업의 주요 시행사였음을 보여주는 핵심적 단서를 찾아 이를 집중적으로 보도했다. '봐주기 수사'였다는 신빙성이 높았지만 대통령 선거일만 점점 다가오고 있었다. 그 전에 나는 JTBC가 관련 보도를 하지 않기로 결정하자, 그동안 부수적으로 다시 정리해 두었던 〈윤검에 대한 명절선물 변화 양상과 그 의미〉를 YTN과 한겨레에 보내고 이를 보도해 줄 것을 요청하기도 했다. YTN '뉴스가 있는 저녁'은 1월 25일 방송에서 〈尹, 삼부토건 17차례 선물… 조 회장의 특별 관리 대상〉이라는 제목으로 관련 내용을 보도했고, 한겨레신문 김완 기자도 〈윤석열 - 삼부토건 조 회장 '15년 인연'… 어쩌다 각별했는가〉***라는 기사를 통해 15년 세월 동안 '윤검'이 조남욱 회장으로부터 받은 향응과 선물의 의미에 대해 자세히 분석하는 추가 보도를 내보냈다. 당시에는 또 김건희에 대한 '쥴리' 논쟁이 한창이었는데 '김어준의 뉴스공장'

은 이를 집중적으로 보도하고 있었다. 나에게도 뉴스공장의 도미라 작가가 연락해 와 출연을 요청했다. 2월 22일 직접 출연해 2000년경 무렵부터 이어진 조남욱 회장과 김건희, 윤석열의 관계에 대해 그 요지를 짧게나마 설명해 주었다.****

20대 대선이 진행되는 과정에서 윤석열 후보 부부의 '부패의 민낯'을 세상에 드러내기 위해 미력이나마 최선을 다했고, 윤우진 전 용산세무서장 뇌물 수수 사건에 대한 윤석열의 거짓말과 개입 의혹을 보도했던 뉴스타파도 다시금 '도이치모터스 주가조작 사건'의 진실을 드러내기 위해 수많은 보도를 쏟아냈다. 그뿐만이 아니었다. 윤석열 후보 부부의 심무정 도사, 천공, 건진과 같은 끊임없는 무속인 관련 의혹 보도, 서울의 소리 이명수 기자가 김건희와 나눈 7시간 녹취 관련 보도, 뉴스버

*
2022. 1. 24. 노컷뉴스
〈윤석열, '골프회동' 삼부토건 봐주기 수사 의혹〉

**
2022. 2. 9. 더팩트

***
2022. 1. 28. 한겨레

****
2022. 2. 22. 뉴스공장 '인터뷰 제1공장'

스가 제기한 윤석열의 고발 사주 의혹, JTBC 봉지욱 기자가 보도한 대검 중수부 주임 검사였던 윤석열의 부산저축은행 대장동 불법 대출 관련 봐주기 수사 의혹, 사법 피해자 정대택 씨가 17년간 싸워왔던 윤석열 가족의 온갖 비리 의혹들에 대한 보도들이 끊이지 않았다.

이처럼 부패검사 윤석열과 그의 처 김건희의 그동안의 불법적이고 주술적인 행적들이 여기저기서 봇물 터지듯 흘러나왔고, 한편으로 그의 입과 행동에서는 섬뜩한 권위주의와 군사독재정권 시대의 망령들이 다시 불쑥불쑥 튀어나왔다. 우선 검찰총장으로 재직 중이던 2019년 10월 그는 국감에서 검찰 중립성을 잘 보장해준 정부가 어디인가라는 이철희 의원의 질문에 "MB 때가 가장 쿨했다."고 자기도 모르게 본심을 드러냈다. MB 정부 때 그는 노무현 수사를 담당했던 중수부 검사들과 마찬가지로 서울르네상스호텔 조남욱 회장의 후원을 받으며 제일 잘 나가던 대검 중수부 검사 일당 중의 하나였다. 2021년 10월 초 '국민의힘' 대선 토론회에서는 손바닥에 '王'자를 그리고 나온 것도 모자라 '무속인'이 아닌 동네 할머니가 써 준 거라는 거짓 해명을 내놓았다. 또 2021년 10월에는 부산에서 "전두환 대통령이 군사 쿠데타와 5·18만 빼면 정치는 잘했다고 얘기하는 분들이 많다. 호남에서도 그렇게 말하는 분들이 꽤 있다."라고 하며 군사독재 정치를 옹호하는 망언도 서슴치 않았다.

그러나 그의 끊임없는 실언들과 부패검사 '윤검'에 대한 수

많은 검증 보도들은 윤석열 대통령 당선을 막기에는 역부족이었다.[*] 그동안 언론들이 그의 국정감사에서의 답변을 왜곡해 찬양으로 일삼았던 바로 그 '사람에 충성하지 않는다'는 강골 검사 프레임은, 정치검사 윤석열이 문재인 정부의 검찰개혁에 부당하게 저항하는 상황마저 '한국의 피에트로[**] 검사', '풍운아' 같은 찬사로서 살아있는 권력에 저항하는 검사로서의 이미지로 보수언론들의 거짓된 선전 선동으로 더욱 공고화되었기 때문이었다. 권력을 감시하고 비판해야 하는 언론의 기본 책무를 망각한 일부 종편 방송들은 윤석열이 대통령으로 당선되자 '위대한 국민의 승리'라며 이런 극찬까지 쏟아냈다.

"바람에 흔들이지 않는 나무처럼, 강직한 검사 윤석열, 결국 그가 선택한 길은 오직 국민에게 충성을 다하는 길이었다."

"저는 대통령 윤석열의 행로를 이렇게 그려봅니다. 국익을 위해서라면 지지층이 싫어할 일도 밀어붙입니다. 공은 아랫사람에게 돌리고 책임은 스스로 떠안습니다. 전문적인 국정 분야는 이념과 정치색을 빼고 전문가에게 맡깁니다."

[*]

윤석열은 이재명 후보에게 불과 0.73% 표 차이로 승리했다.

[**]

이탈리아에서 1990년대 정치인에 대한 부채추방운동(마니 풀리레)을 주도한 검사이다.

반민주적이고 반개혁적인 부패 정치검사 출신답게 대통령 윤석열은 이런 낯부끄러운 언론들의 찬양 방송을 비웃기라도 하듯 2024년 12월 3일 불법적인 계엄령을 선포, 주요 인사들에 대한 체포를 시도하며 유신체제를 부활시키기 위한 친위쿠데타를 일으켰다. 대통령 당선 후 2년 10개월 만에 일어난 일이었고, 내가 부패검사 윤석열 같은 조직지상주의자들이 복고적 제국을 꿈꾸고 있다고 처음 기록을 작성해 언론에 제보했던 날로부터 5년 2개월 만이었다. 박정희, 전두환 군사독재정권시대에 민주화운동 인사들을 억압하기 위한 수단으로 사용되던 '자유민주주의 체제 전복 시도', '종북 반국가 세력 척결'과 같은 흑색선전은 마침내 그 정권들의 비호를 받으며 극우와 주술의 삶을 살아왔던 조남욱 회장의 인생을 관통해 윤석열의 '계엄선포문'으로까지 흘러 들어갔다.

글을 마치며

지난 박근혜 정부의 국정농단 사건은 해방 이후 권위주의 군사독재정권과의 정경유착을 통해 시장자본주의를 발달시킨 주체세력들의 끔찍한 부패 고리가 권력을 사유화한 정권과 다시 연결되어 일어난 뇌물 사건이었다. 민주주의와 법치국가의 원리를 제대로 이해하지 못하고 과거 권위주의 체제에서 자라났던 독재자의 딸은 결국 그 사건으로 인해 국회의 탄핵소추를 받아 헌법재판소에서 대통령직을 박탈당했고, 특검의 기소로 삼성, 롯데, SK 등 기업들의 돈을 직접 또는 제3자가 받은 혐의로 총 592억 원의 뇌물수수 혐의가 인정되어 법원에서 징역 20년, 벌금 180억 원의 엄한 처벌을 받았다.

이에 비해 이번 12월 3일 윤석열에 의해 자행된 계엄령 선포와 친위쿠데타는 과거의 정경유착의 폐단을 부분적으로 답습하다 처벌된 박근혜를 넘어 권력을 사유화함은 물론 정치권력의 원천, 그 자체를 아예 권위주의 독재정권 시대로 되돌리고자 일으킨 내란 사건이었다. 군사독재의 권위주의 환경에서 성장한 독재자의 딸이 그러했듯이, 검사 윤석열은 권위주의 독재정권과의 유착관계를 통해 성장했던 기업주와 한 가족처럼 지내며 후원을 받고 그들의 기득권을 알뜰히 살펴주며 고위직 검사로 출세가도를 보장받았고, 그런 환경에서 성장한 그는 민주주의를 권력기관 상호 간의 견제와 균형이 아니라 절대 권력을 통해 자유시장 자본주의 체제를 유지하는 것으로 이해했다.

이 때문에 그는 자유시장 자본주의 체제의 한계를 극복하고 이를 조금이라도 개선하고자 하는 개혁 세력을 처단해야 할 대상으로 규정하고, 그들에 대해 '자유 민주주의 체제 전복 시도 세력', '종북 반국가 세력'이라 함부로 칭하며 불법적인 계엄을 통해서라도 그들을 척결하려 시도한 것이었다. 그는 정치 권력과 유착해 성장한 재벌 기업들의 불법행위를 수사하여 기소하는 특수부 검사의 지위에 있었으면서도 한편으로는 그 수사지휘권과 기소독점권을 이용해 그 재벌 기업주들의 후원을 받는 특혜를 누렸고, 정작 그들이 지켜온 비민주적인 재벌 중심의 시장자본주의 기득권에는 오히려 그 불공정한 강자 독식의 체제를 옹호하며 '보이지 않는 손'이라는 이념과 주술로서 감히 공정과 상식을 실현하고자 한 엉터리 주술사였다.

이러한 그의 시대착오적인 민주주의와 자본주의에 대한 인식은 불공정한 검찰권 행사를 바라보는 시각에서도 그 맥을 같이하는 퇴행적 신념을 보여왔다. 실질적인 경제민주화를 주장하는 세력이 그에게는 자유민주주의체제 전복을 시도하거나 종북 반국가 세력이었듯이 검찰개혁을 주장하는 세력 또한 그에게는 반드시 척결하고 처단해야 할 대상이었다. 조국 전 장관은 전례 없는 과잉 수사와 기소로 온 가족이 고통을 받았고, 검찰권의 부당한 행사를 비판해온 언론사와 기자들은 압수수색을 받고 기소되는 일까지 벌어졌다. 그동안 자유주의 시장경제 체제에서 재벌 기업주가 일방적인 기업 통제권을 행사해 왔듯이 국가권력에 대한 통제 또한 오직 검찰에 의해서만 이루어져야 한다는 반민주적 신념에 기인한 것이었다.

우리 헌법은 그 전문에 〈우리 대한국민은… 모든 사회적 폐습과 불의를 타파하며, 자율과 조화를 바탕으로 자유민주적 기본질서를 더욱 확고히 하여 정치·경제·사회·문화의 모든 영역에 있어서 각인의 기회를 균등히 하고, 능력을 최고도로 발휘하게 하며, 자유와 권리에 따르는 책임과 의무를 완수하게 하여, 안으로는 국민생활의 균등한 향상을 기하고…〉라고 하여 자유와 민주적 질서를 기반으로 정치, 경제, 사회적 민주주의를 추구하는 국가임을 명확히 하고 있고, 더불어 헌법 제119조 2항에서는 〈국가는 국민경제의 성장 및 안정과 적정한 소득의 분배를 유지하고, 시장의 지배와 경제력의 남용을 방지하며, 경제주체간의 조화를 통한 경제의 민주화를 위하여 경제에 관한 규제와 조정을 할 수 있다.〉라고 규정하여 국가는 경제민주화를 통해 민주공화국을 실현해 나가야 할 헌법상의 권리와 의무를 진다.

그러나 이런 민주공화국 실현을 위한 헌법의 명시적 규정에도 불구하고 윤석열이 그동안 저질러 온 반민주적이고 반헌법적인 행태들은 불법적인 계엄령을 선포하지 않았더라도 이미 헌법의 기본 정신과 가치를 위반해 왔던 것이 명백했기 때문에 언제라도 탄핵당하는 것이 마땅했다. 아니 민주공화국의 검찰총장으로 임명되거나 대통령으로 당선되어서는 절대 안 되는 인물이었다. 민주공화국의 정치는 국민주권을 실현하기 위해 권력기관 상호 간의 견제와 균형의 원리가 작동되어야 함에도 그는 무소불위의 검찰권 행사를 남용하고 그 기득권을 지키기 위해 온갖 불법적 만행들을 저질렀다. 또 민주공화국의 경제는 시장의 지배와 경제력의 남용을 방지하고 경제주체간의 조화가 이루어져야 함에도 그는 민주주의적 이상이 자유시장 자본주의에 의해 파괴되는 것을 방지하면서도 자본주의를 민주공화국 실현을 위한 유용한 도구로 사용하려는 사람들을 자유 민주주의 체제 전복을 시도하는 종북 반국가 세력으로 매도해 처단하려 했다.

정치 민주화와 경제민주화 실현은 동전의 앞뒤와 같다. 서로 분리할 수도 없고 서로 분리되어서도 안 되는 것이다. 윤석열 같은 구시대적 인물이 다시 나타나 민주공화국의 정신과 가치를 더는 훼손하게 만들어서는 안 된다. 엎어진 바퀴자국들이 눈앞에 빤히 보이는데도 그 길을 좇다가는 다시 부서지고 깨어질 수밖에 없는 것이다. 검찰청을 해체하여 그들이 자의적이고 선택적으로 행사해 온 수사지휘권과 기소독점권을 분산하고 견제와 균형의 원리가 철저히 지켜지는 구조를 만들어 정치권력이 그들의 입맛에 따라 더는 휘둘려지지 않게 해야 한다. 기업 내부의 독단적 지배구조 또한 마찬가지다. 견제와 균형의 원리가 작동하지 않는 지배주주의 독단적 경영은 부당한 정치권력이나 검찰권 행사에 쉽게 농단당한다. 8년 전 박근혜와 오늘 윤석열이 지나간 엎어진 바퀴자국들은 대한국민이라면 반드시 반면교사로 삼아 잊지 말기를 바라는 마음이다.

2025. 4. 4.

글을 마치며

구영식

월간 『사회평론 길』과 월간 『말』을 거쳐 『오마이뉴스』까지 29년차 기자.
저널리즘과 기자의 역할은 '전체의 진실 추구'라는 '이상'보다는 전체의 진실에
가까워지기 위해 '한 조각의 진실'이라도 찾아야 하는 '현실'에 있다고 생각한다.
한국인터넷기자상(한국인터넷기자협회), 이달의 기자상(2회, 한국기자협회),
온라인저널리즘어워드(온라인 뉴스혁신 부문, 한국온라인편집기자협회),
제1회 인터넷선거보도상(인터넷선거보도심의위원회−한국언론학회),
올해의 기자상(민동포럼)을 수상했다.
저서로는 『한국의 보수와 대화하다』, 『시민을 고소하는 나라』, 『한 조각의
진실: 30년 NHK 기자 천학범의 한국 현대사 증언』, 『검사와 스폰서, 묻어버린
진실』, 『표창원, 보수의 품격』, 『대한민국 진보, 어디로 가는가?』, 『국세청은
정의로운가』, 『나의 MB재산답사기』, 『심상정, 우공의 길』, 『검사와 스폰서:
대통령이 스폰서가 된 나라』(개정판)가 있다.

한국 재벌과 검찰권력의
공생관계에 대한 생생한 고발장

구영식 〈오마이뉴스〉 선임기자

자화자찬 같지만, 나는 조남욱(전 삼부토건 회장)과 윤석열(탄핵된 내란수괴)의 관계에 대한 실마리를 가장 먼저 포착했던 기자라고 자부한다. 윤석열이 문재인 정부와 진보진영에 '정의로운 검사'로 확실하게 각인돼 검찰총장 후보자로 지명된 시기였던 2019년 6월 29일, 나는 〈윤석열 검찰총장 후보자 중매자는 누구? 장모-부인 엇갈린 말… 장모는 '조남욱 삼부토건 회장이 소개'… 부인은 '스님이 소개'〉라는 기사를 출고했다. 당시 문재인 정부 청와대 출입기자였던 내가 이 기사를 쓴 데는 이유가 있었다.

윤석열의 부인 김건희는 2018년 4월 〈주간조선〉과 단독으로 인터뷰하면서 '한 스님'이 윤석열과의 인연을 맺어줬다고 애기했고, 많은 언론매체들이 이를 인용했다. 그런데 이는 내가 지난 2013년부터 '윤석열과 그의 가족(부인, 장모 등)'을 취재해 왔던 내용과 달랐다. 윤석열의 '손톱 밑 가시'인 장모(최은순)가 2011년 서울동부지검에서 피의자 신문를 받았는데, 윤석열에게 김건희를 소개해준 사람으로 조남욱 회장을 지목했기 때문이다. "김명신씨(김건희의 개명 전 이름)는 아직 결혼하지 않으셨나요?"라는 검사의 질문에 장모는 이렇게 답변했다.

"아직 안했는데, 2011년 10월 결혼할 예정입니다. 김명신이 지금 결혼할 사람은 라마다 조 회장이 소개시켜준 사람으로 2년 정도 교제하였습니다."

또한 당시 내가 쓴 기사에는 조남욱이 어떤 사람인지를 설명하는 내용이 포함돼 있었는데 내가 특별히 강조하고 싶었던 대목은 세 번째 문장이었다. 그 문장의 핵심 단어는 '충청도-경기고등학교-서울대학교'라는 인맥 그물망이다.

"윤석열 후보자의 장모가 중매자로 지목한 조남욱 회장은 윤 후보자의 서울대 법대 선배다. 이회창 전 한나라당 총재는 그의 서울대 법대 동기다. 경기고와 서울대를 졸업한 그는 법조계에서 활동하고 있는 서울대 법대 출신과 충청도 출신들을 잘 챙겨온 것으로 알려졌다. 서울대 법대 출신인 윤 후보자는 서울에서 태어났지만 그의 부친인 윤기중 연세대 명예교수는 충남 공주 출신이다."

하지만 '조남욱과 윤석열', 더 나아가 '재벌 총수와 검찰총장'의 관계에 대한 실마리를 제공할 이 기사는 독자들에게 전달되지 못했다. 이제 와서 기사가 왜 '킬'(kill, 기자들이 기사가 출고되지 못했다는 뜻으로 쓰는 은어)됐는지를 자세히 설명할 수는 없지만, 윤석열을 정의로운 검사로 칭송하던 당시 진보진영의 지배적 분위기와 결코 무관하지 않다고 생각한다. 지금의 반윤석열 분위기와는 격세지감이다. '내로남불'과 '기회주의적 태세전환'은 보수와 진보 모두에 내재된 기막힌 처세술이 아닐까 하는 생각까지 들 정도다.

나는 그 이후에도 조남욱과 윤석열의 관계에 대해 계속 취재의 촉수를 드리우고 있었다. 그러다 어느날 한 선배로부터 "조남욱과 삼부토건에 대한 자료를 엄청 많이 가진 분이 있다"라는 얘기를 들었다. 그 선배에게 '그분'의 연락처를 받아서 연락했고, 오래된 고려대 앞 주점인 '고모집'에서 그분을 처음 만났다. 그분이 이번에 〈재벌과 검찰의 민낯〉을 쓴 김영석 삼부토건 열린노조위원장이다.

김영석 위원장은 한국외국어대학교 법대를 졸업하고 국내 건설업 면허 1호기업(1962년)인 삼부토건에 1997년에 입사해 현재까지 28년 동안 근무하고 있다. 특히 민주노총 삼부토건지부 수석부지부장과 열린노조위원장을 지내면서 오너였던 조남욱과 그의 후계자들에게 관심을 갖고 관련자료를 꼼꼼하고 치밀하게 수집하고 축적해왔다. 그 자료에는 조남욱의 휴대용 일정표, 연도별 명절 선물 명단, 검사 관련 일정표와 명절 선물 명단, 조남욱의 미공개 사진들, 검찰 진술서, 관련 부서의 내부문건 등이 망라돼 있었다. 이와 함께 삼부토건이나 라마다르네상스호텔에 근무한 내부직원들과 전화하거나 직접 만나서 녹음한 자료도 있었다.

이렇게 김영석 위원장이 오랫동안 모아온 자료 덕분에 나는 지난 대선 시기에 '장모-조남욱-양재택 커넥션', 김건희가 자신에게 윤석열을 소개해준 사람으로 지목한 '무정스님'의 정체, 윤석열을 포함한 '조남욱 리스트', 윤석열의 40년 후원자이자 '문고리' 황하영 사장의 정체, 윤석열-황하영-장모-조남욱 커넥션, 조남욱과 '쥴리 의혹', 파주운정지구 개발사업과 관련 '검사 윤석열'의 봐주기 수사 의혹 등을 보도할 수 있었다. 이 기사들이 드러낸 조남욱과 윤석열의 관계는 한국 재벌과 검찰 권력의 공생관계, 유착관계를 보여주는 수많은 사례 중 하나일 뿐이다.

이를 증명하듯 조남욱 관련자료에는 김경한(법무부 장관), 명노승(법무부차관), 정상명(검찰총장), 김각영(검찰총장), 김진환(법무부감찰국장), 최환(법무부검찰국장), 최교일(법무부검찰국장), 이종백(법무부검찰국장), 이건개(대검공안부장), 유창종(대검중수부장), 안강민(대검중수부장), 서영제(서울중앙지검장), 남기춘(서울남부지검장), 정진규(인천지검장), 양재택(서울남부지검차장) 등 당시 쟁쟁했던 전·현직 검사들의 이름이 등장한다. 이들은 대부분 서울대 법대와 충청도 출신이다. 이들은 조남욱과 식사나 골프라운딩을 함께했고, 명절이나 연말연시

때마다 선물과 연하장을 받았다. 김각영, 이건개, 안강민, 최교일, 정진규, 양재택 등은 삼부토건이나 자회사의 법률고문으로 활동하며 고문료를 챙겼고, 안강민 전 중수부장은 윤석열 장모의 변호사였다. 이렇게 재벌 총수가 전·현직 검사들을 세밀하게 관리하고 활용했고, 윤석열을 비롯한 수많은 '잘 나가는 검사들'은 이렇게 조남욱과 관계를 맺으며 정치적·경제적 이익을 주고받았다. 김영석 위원장은 취재 당시 내게 이렇게 말했다.

"조남욱 전 회장의 후계자였던 아들은 몇몇 직원들에게 '뒷날을 대비하는 차원에서 부친과 내가 그렇게 하는 것'이라고 얘기했는데, 아무리 그렇다 치더라도 너무나 많은 전관들(현직 검사들이나 검사 출신 인사들)을 관리했다. 지금 와서 미루어 짐작해보면 재벌 2세이자 보수정치계의 원로였던 조 전 회장은 대한민국에서 가장 막강한 권력은 검찰이라고 생각하고, 그 권력을 부당하게 이용해 사적인 이익뿐만 아니라 경제·정치 등 모든 분야에서 자신과 기업의 부적절한 처신에 많은 도움을 받고자 했던 것 같다."

내가 가장 주목한 사실은 김영석 위원장이 윤석열의 검찰총장 시기부터 익명으로 조남욱 관련자료들을 언론에 제공하고, 관련취재에 적극적으로 응해왔다는 점이다. 오마이뉴스뿐만 아니라 한겨레, 경향신문, 한국일보, MBC, JTBC, YTN, 노컷뉴스, 더팩트, 시사인, 주간경향, 시사저널, 김어준의 뉴스공장 등이 그의 꼼꼼하고 치밀한 자료수집 덕을 봤다. 김영석 위원장은 윤석열의 검찰총장 시기부터 조남욱 관련자료를 언론에 제공한 이유을 이 책의 저자 서문에서 아주 인상깊게 설명해놓았다.

"당시 필자의 단견에서는 민주주의 국가를 실현해 가는 현대사의 과정에 있어서 검찰의 수사지휘권·기소독점권과 유착되어있는 법조 카르텔이나 수구 정치권의 위력은 정치판을 완전히 뒤집어 버리는 왜곡된 결과들을 가져왔기 때문에, 그런 카르텔의 위력은 결국 '산업과 기업 민주주의의 실현', '비정규직 차별이나 사회 양극화 해소'와 같은 사회·경제적 민주화까지 억제하는 거대한 장애물로 여겨졌다. 이 때문에 시대에 역행하며 불법적인 일들을 자행했던 그들 법조 카르텔의 실상들을 우리 사회에 널리 알리는 것은 필자에게 무엇보다 시급한 과제였다. 더구나 그 썩은 정치검사들을 대표했던 '윤검'은 문재인 정부 들어 검찰총장으로 지명된 상태였다."

김영석 위원장은 조남욱 관련자료를 수집하고 축적하면서 권력(그것이 경제권력이든 정치권력이든)과 검찰의 카르텔이 한국사회에 얼마나 위험하고 퇴행적인 것인가를 절감했다. 그래서 썩은 정치검사들을 대표하는 윤석열이 민주파 정부(문재인 정부)의 검찰총장에 지명된 것을 그 누구보다 못 견뎌했다. 하지만 삼부토건에 근무하고 있던 그가 할 수 있는 일은 그동안 모은 자료들과 취재내용을 익명으로라도 언론사에 제공하고 기자들과 공유하는 것뿐이었다. 나는 그를 만날 때마다 "꼭 책을 내서 기록으로 남겨야 한다"라고 강조했다. 결국 그는 용기를 내서 자신의 실명을 걸고 그동안 수집하고 축적해온 자료를 바탕으로 이 책을 썼다.

　이 책은 건설 재벌이었던 삼부토건과 조남욱이 어떻게 보수권력과 유착해 성장했다가 몰락했는지, 조남욱은 어떤 방식을 통해 '극우세력의 거물'로 등장했는지 등을 보여준다. 그 과정에서 여러 명의 역술인에 의존해온 윤석열과 김건희의 데자뷰 같은 조남욱의 주술경영, 라마다르네상스호텔의 만찬에 초대된 유력 검사들과 언론인들, 윤석열 장모와 부인, 조남욱의 긴밀한 관계, 조남욱과 윤석열 40년 지기 황하영 사장의 관계, 삼부토건 관련 사건에 대한 윤석열 검사 개입 의혹 등 흥미로운 이야기들이 펼쳐진다.

　특히 조남욱 인맥 관리의 중심인 라마다르네상스호텔을 해부한 대목은 정말 한국 주류 권력의 비밀을 엿보는 듯하다. 이 책을 읽게 될 독자는 그 호텔의 6층(개인집무실)과 23층(호라이즌클럽) 등이 어떤 로비와 접대의 공간으로 활용됐는지를 알게 될 것이다. 특히 조남욱이 2000년께부터 호텔로 출근하면서 항상 23층 호라이즌클럽 지배인에게 "김 교수 출근했어?"라고 물어봐서 호텔 종업원들은 김 교수인 김건희를 조남욱의 일정을 담당하는 개인비서로 여길 정도였다는 등 조남욱과 김건희, 조남욱과 윤석열 등에 관한 흥미롭고 의미심장한 일화들이 기록돼 있다.

하지만 이런 흥미진진한 이야기들은 김영석 위원장이 전하려는 메시지로 가는 과정에 불과하다. 그의 메시지는 삼부토건(라마다르네상스호텔 포함)이라는 프리즘을 통해 한국의 재벌과 검찰권력의 공생관계, 유착관계를 생생하게 고발하면서 그것이 한국사회에 가져올 위험성을 경고하는 데 있다. 단 그 위험하고 퇴행적인 공생관계, 유착관계는 지금도 진행중이라는 것을 잊지 말자.

여러 가지 불이익이나 위험을 무릅쓰고 내부자로서 실명을 걸고 용기있게 재벌과 검찰권력의 카르텔을 생생하게 고발한 그에게 박수를 보낸다. 이로써 우리는 '삼성X파일'(삼성그룹과 정치권력, 검찰권력의 은밀한 관계가 담긴 안기부의 도청 테이프)에 이어 재벌과 검찰권력의 공생관계, 유착관계에 대한 명징한 텍스트(text)를 갖게 됐다. 그리고 '썩은 정치검사들을 대표'하던 윤석열이 대통령에서 파면된 데에는 보이지 않는 곳에서 수행한 그의 끈질긴 노력도 있었음을 기억해주길 바란다.

재벌과
검찰의
민낯

초판 1쇄 펴낸 날 2025년 5월 12일

지은이 김영석
발행인 양진호
발행처 도서출판 인문서원

등록   2013년 5월 21일(제2014-000039호)
주소   (07207) 서울시 영등포구 양평로21가길 19, 우림라이온스밸리
        B동 512호
전화   02-338-5951~2
팩스   02-338-5953
이메일 inmunbook@hanmail.net

ISBN   979-11-86542-71-2(03300)

· 값은 뒤표지에 있습니다.
· 잘못 만들어진 책은 구입하신 서점에서 바꾸어 드립니다.